土木工程科技创新与发展研究前沿丛书

节段预制装配式桥梁钢榫键接缝

邹宇 著

中国建筑工业出版社

图书在版编目（CIP）数据

节段预制装配式桥梁钢榫键接缝 / 邹宇著 . -- 北京：中国建筑工业出版社，2024.6. --（土木工程科技创新与发展研究前沿丛书）. -- ISBN 978-7-112-29979-9

Ⅰ. U448.21

中国国家版本馆 CIP 数据核字第 2024MB8939 号

本书以节段装配式桥梁接缝为研究对象，依托国家自然科学基金项目（52078363），重点介绍了钢榫键接缝的力学性能及工程应用。在理论上，主要介绍了钢榫键接缝的传力机制、抗剪机理及破坏模式，并采用了直剪构件试验、弯剪结构试验及有限元数值模拟分析等进行验证，提出了钢榫键接缝局部抗剪强度计算方法及结构弯剪强度计算方法。在实际应用上，讨论了钢榫键接缝的施工方法和施工过程控制方法，并采用足尺模型试验和缩尺模型试验进行了验证。

本书理论和实践相结合，可供从事节段装配式结构的科研人员和工程技术人员使用，也可作为高等院校和科研院所相关专业研究生的辅助教材。

责任编辑：赵　莉
责任校对：李美娜

土木工程科技创新与发展研究前沿丛书
节段预制装配式桥梁
钢榫键接缝
邹　宇　著

*

中国建筑工业出版社出版、发行（北京海淀三里河路 9 号）
各地新华书店、建筑书店经销
北京鸿文瀚海文化传媒有限公司制版
建工社（河北）印刷有限公司印刷

*

开本：787 毫米 ×960 毫米 1/16 印张：9¾ 字数：194 千字
2024 年 7 月第一版 2024 年 7 月第一次印刷
定价：**48.00** 元
ISBN 978-7-112-29979-9
（43104）

版权所有　翻印必究
如有内容及印装质量问题，请与本社读者服务中心联系
电话：（010）58337583 QQ：2885381756
（地址：北京海淀三里河路 9 号中国建筑工业出版社 604 室　邮政编码：100037）

前 言

得益于标准化和工厂化的快速制造,预制节段桥梁在国内外得到广泛的应用。但接缝处纵向钢筋完全断开是其结构弱点,国内外对其力学性能研究也存在争议,这也是预制节段桥梁在国际主流规范均没有反映的最主要原因。超规范意味着该技术较为依赖使用者对于其本质的理解,因此其蕴藏的风险容易导致不可预计的问题甚至错误,也影响预制节段式桥梁结构的进一步推广和发展。本书聚焦接缝处剪切机理这个受力核心问题,为简化接缝形式,改善接缝传力,提高接缝承载能力和延性,针对预制节段梁接缝设计了方形锚头钢榫键。

为充分完整掌握钢榫键接缝局部剪切性能,以不同荷载工况、剪力键类型、接缝类型、钢榫键几何效应等为试验参数,设计 10 个接缝试件,并结合理论分析和有限元数值模拟对钢榫键接缝的裂缝发展、破坏模式、剪切位移、开裂荷载、极限承载力、残余承载力进行深入研究。研究结果表明:在侧限压力的作用下,钢榫键接缝依靠榫键和混凝土的接触受压来传递接缝间的剪力,试件开裂瞬间预压应力幅小,水平预压力体系稳定,试件刚度和承载力明显高于混凝土齿键接缝;混凝土齿键和钢榫键胶接缝均出现直剪破坏,但钢榫键胶接缝直剪破坏后受力类似其干接缝,借助榫键间的机械咬合,试件仍能继续承载,残余荷载与极限荷载比值大;方形榫键接缝开裂后承载能力较圆形榫键接缝更稳定;单榫键(干、胶)、双榫键(干、胶)接缝相比平面(干、胶)接缝承载能力分别提高 3.81 倍(干)、43.02%(胶)、6.06 倍(干)、41.58%(胶);单、双榫键胶接缝相比其干接缝剪切强度分别提高 151.39%、69.68%,但胶接缝出现更明显的脆性破坏;在施工阶段应由钢榫键跨缝齿的非弹性变形对临时荷载进行控制设计,而成桥阶段混凝土强度和榫键剪切强度决定了钢榫键接缝不同的破坏模式。

本书以前述研究成果为基础,结合钢榫键接缝传力机制,构建了适用于钢榫键接缝的力学模型,揭示了钢榫键接缝的抗剪机理及理论破坏模式,包括:榫键剪切破坏、混凝土局部受压破坏(接触面压碎、接触面端部膨胀、劈裂破坏)、混凝土撕裂破坏。研究结果建议采用钢榫键剪切破坏作为钢榫键接缝抗力设计的依据,同时应对钢榫键周围混凝土强度进行验算。基于前述接缝抗力计算方法,结合依托工程,构建了钢榫键接缝的设计及布置原则,并开展工法试验验证了所提施工方法适用于工业化生产,最终形成了钢榫键接缝的一整套设计理论,包括设计方法和施工方法。

此外，设计 3 片试验梁对钢榫键接缝节段梁的弯剪力学性能开展试验对比研究，并建立适用于钢榫键接缝节段梁受剪承载力计算的简化方法。结果显示：钢榫键接缝节段梁弯剪力学性能与混凝土齿键接缝节段梁基本一致，计入钢榫键销栓作用的理论公式所得计算值与试验值能较好吻合。

本书得到了国家自然科学基金面上项目（52078363）、四川省国际科技合作（澳新）研究院项目（AXYJ2023-006）、西华大学人才引进项目（Z231021）、西华大学土木工程省级一流专业项目（RC2100001404）的大力支持！感谢同济大学、宁波交通工程建设集团有限公司、柳州欧维姆（OVM）机械股份有限公司、安徽省交通规划设计研究总院股份有限公司、中交路桥建设有限公司工程设计分公司给予的科研合作机会，使作者的研究得以点滴积累和进步，并能紧密结合工程实践、迅速了解工程需求。

著作过程也得到了同济大学桥梁系徐栋教授、宁波交通工程建设集团有限公司宋冰泉正高级工程师的指导和帮助，在此深表感谢！最后，感谢我的妻子杨娇，正是她的理解和支持，使我能潜心钻研，终成书稿。

希望本书的出版能够对我国桥梁工业化、标准化、智能化建造的发展有所裨益。但由于作者水平有限，书中疏漏甚至不当之处在所难免，敬请同行专家及读者不吝批评指正。

邹宇

西华大学道路与桥梁工程系

2024 年 7 月于成都

目　　录

第1章　绪论 ………………………………………………………………… 1
1.1　预制节段装配式桥梁的发展概况 …………………………………… 1
1.2　预制节段桥梁接缝类型 ………………………………………………… 3
1.2.1　湿接缝 ……………………………………………………………… 4
1.2.2　胶接缝 ……………………………………………………………… 4
1.2.3　干接缝 ……………………………………………………………… 4
1.3　接缝剪力键类型 ………………………………………………………… 5
1.3.1　传统混凝土齿键接缝 …………………………………………… 5
1.3.2　钢榫键接缝 ……………………………………………………… 14
1.3.3　纵筋连续接缝 …………………………………………………… 15

第2章　钢榫键接缝剪切性能研究 …………………………………… 18
2.1　概述 ……………………………………………………………………… 18
2.2　试验概况 ………………………………………………………………… 18
2.2.1　钢榫键设计 ……………………………………………………… 18
2.2.2　剪力键等效设计 ………………………………………………… 19
2.2.3　试件设计 ………………………………………………………… 21
2.2.4　材料特性 ………………………………………………………… 23
2.2.5　试件制作 ………………………………………………………… 24
2.2.6　试验装置及加载方案 …………………………………………… 25
2.3　试验过程与分析 ………………………………………………………… 26
2.3.1　平面接缝试验 …………………………………………………… 26
2.3.2　混凝土齿键接缝试验 …………………………………………… 27
2.3.3　钢榫键干接缝试验 ……………………………………………… 28
2.3.4　钢榫键胶接缝试验 ……………………………………………… 35
2.3.5　试验总结 ………………………………………………………… 38
2.4　钢榫键接缝力学性能参数分析 ………………………………………… 39
2.4.1　几何效应对钢榫键接缝力学性能的影响 ……………………… 39
2.4.2　钢榫键数量对接缝力学性能的影响 …………………………… 41
2.4.3　接缝类型对接缝力学性能的影响 ……………………………… 43
2.4.4　钢榫键尺寸对接缝力学性能的影响 …………………………… 44
2.5　钢榫键与混凝土键剪切性能 …………………………………………… 45

2.5.1　干接缝 ··· 45
　　2.5.2　胶接缝 ··· 47
2.6　各工况钢榫键接缝力学性能 ··· 49
　　2.6.1　各工况钢榫键接缝受力特性 ······································ 49
　　2.6.2　钢榫键接缝施工阶段力学性能分析 ··························· 50
　　2.6.3　钢榫键接缝成桥阶段力学性能分析 ··························· 58
　　2.6.4　各工况钢榫键抗力取值依据 ······································ 58
2.7　本章小结 ··· 59

第3章　钢榫键接缝抗剪机理及设计理论 ······························· 60
3.1　钢榫键接缝传力机制 ·· 60
3.2　钢榫键接缝抗剪机理及破坏模式 ······································ 64
　　3.2.1　局部受压破坏 ·· 64
　　3.2.2　剪切破坏 ··· 68
　　3.2.3　撕裂破坏 ··· 68
　　3.2.4　受剪承载力计算方法 ·· 70
3.3　钢榫键接缝设计方法 ·· 71
　　3.3.1　设计原则 ··· 71
　　3.3.2　接缝位置剪力计算 ·· 72
　　3.3.3　接缝位置钢榫键数量计算 ··· 73
　　3.3.4　接缝位置钢榫键布置 ·· 73
3.4　钢榫键接缝施工方法 ·· 74
　　3.4.1　短线法施工 ·· 74
　　3.4.2　长线法施工 ·· 77
　　3.4.3　模块化法施工 ·· 79
3.5　钢榫键接缝节段梁施工过程控制 ······································ 80
3.6　本章小结 ··· 82

第4章　钢榫键接缝节段梁剪切性能研究 ······························· 84
4.1　试验方案 ··· 84
　　4.1.1　试验梁设计 ·· 84
　　4.1.2　试验材料 ··· 90
　　4.1.3　试验梁制作 ·· 93
　　4.1.4　加载设计 ··· 96
4.2　试验过程分析 ·· 100
　　4.2.1　BS1梁 ··· 100
　　4.2.2　BS4梁 ··· 108

	4.2.3	BS5 梁 …………………………………………………	115
4.3	试验结果比较 ………………………………………………		123
	4.3.1	受剪承载力 ………………………………………………	123
	4.3.2	刚度分析 …………………………………………………	124
	4.3.3	梁体变形 …………………………………………………	124
	4.3.4	裂缝发展 …………………………………………………	126
	4.3.5	破坏模式 …………………………………………………	130
4.4	钢榫键接缝节段梁抗剪强度计算方法 ………………………		132
	4.4.1	简化计算方法 ……………………………………………	132
	4.4.2	理论计算与试验值对比 …………………………………	135
4.5	本章小结 ……………………………………………………		136

第 5 章 结论与展望 ………………………………………………… 138

参考文献 …………………………………………………………… 140

第1章 绪论

1.1 预制节段装配式桥梁的发展概况

在土木工程界最引人注目而又最重要的成就之一，就是预应力混凝土节段施工概念的形成及其施工方法的发展，而且得到世界普遍的承认[1,2]。预应力混凝土桥梁的节段施工法伴随着实物的自然法则规律应运而生，是从预应力原理、结构设计和悬臂施工法综合演进而成[3]。为了克服不用传统支架在深谷和河海上建桥的种种困难，节段施工法在适应这一需要中崛起；而在有些情况下，支架的设置在实践上不可行，在经济上不合算，或者会对环境保护和生态平衡造成危害[4]。

当代节段式预应力混凝土桥梁于20世纪50年代在西欧诞生[5]。法国学者Freyssinet于1945～1948年首先对预应力混凝土桥梁采用了预制节段拼装施工，在巴黎以东48km左右的马恩河上架设了Luzancy Bridge[4]，如图1.1所示。该桥成功架设后，Freyssinet公司采用同样的施工方法在马恩河上新建了五座同类型桥，Muller参与了其中三座桥梁的建设，并逐步成为预制节段拼装桥梁领域的领军人物[6]。

1952年，Muller在担任Freyssinet公司旗下美国公司总工程师期间，设计了位于纽约北部的Shelton桥，该桥首次采用了节段密接匹配预制法，但当时的接缝剪力键构造、密接匹配预制及拼装工艺并不是很完善[4,7]。1962年，Muller在巴黎南部塞纳河上Choisy-Le-Roi桥（图1.2）的设计中，第一次采用密接匹配节段箱梁，并采用环氧胶进行接缝连接[7]。在该桥设计和建设中，其接缝剪力键构造、密接匹配预制及拼装工艺得到了改进[7]。此后，在1950～1965年期间，欧洲修建了300多座这样的桥梁，其跨径都超过了76m，节段拼装施工桥梁原理日臻改进和完善，逐渐从欧洲推广到世界大部分地区[8]。

20世纪末，节段预制拼装混凝土桥梁在北美国家蓬勃发展起来。1967年在魁北克省劳斯圣母院附近建造的Lievre River桥是节段预制拼装技术在加拿大的第一次应用[6]。美国是在1973年才有第一座大跨径节段预制拼装桥梁，该桥为位于德克萨斯州的JFK Memorial Causeway桥[9]，如图1.3所示。根据1979年资料，美国已建、在建、计划建设的预制拼装桥梁已达到24座，包括印第安纳州 Muscatuck River 桥、Sugar Creek 桥及科罗拉多州的 Vail Pass 桥[6]、Long Key 桥[10]（图 1.4）。Long Key 桥结合现代化机械设备和体外预应力技术，将节段预制拼装施工技术推进到一个新的层次。从此，节段预制拼装预应力混凝土桥梁被世界各地广泛应用，如：美国 Garcon-Point 跨海大桥（1990 年）和 Mid-Bay 桥，韩国汉城内环线（1996 年），曼谷 Bang Na 高速高架桥（2000 年）等。Bang Na 高速高架桥采用逐跨拼装施工技术，全长 55km，是当今世界采用该工法建成的最长桥梁[11]。

图 1.1 Luzancy Bridge（1946）[6]

图 1.2 Choisy-Le-Roi 桥（1962）[7]

图 1.3 JFK Memorial Causeway 桥[9]

图 1.4 Long Key 桥[10]

我国预制节段施工桥梁在 21 世纪以前仅有非常零星的应用，但步入 21 世纪之后，节段预制拼装施工方法和体外预应力技术在我国得到越来越多的关注和肯定[12,13]。1990 年，福州洪塘大桥滩孔逐孔节段拼装无粘结预应力混凝土连续箱梁的新型结构和施工工艺在我国尚属首次应用[14]。上海浏河桥[15,16]（2001 年）采用体外预应力预制节段结构，并在国内公路桥建设中第一次采用上行式整跨吊装架桥机。随后上海沪闵线二期工程[17]（2003 年）的设计中也采用了这种技术，如图 1.5 所示。苏通长江公路大桥的深水区段跨径 75m 引桥[18,19]（2003 年）中采用预制节段悬臂拼装施工方法（图 1.6），该桥是国内首次大规模采用预制节段施工的桥梁。在取得成功经验后，江苏崇启大桥、上海长江大桥、厦漳跨海大桥、南京四桥引桥、厦门集美大桥、安徽芜湖长江大桥等大桥的引桥中均采用了节段预制拼装施工方法[12]。

图 1.5 上海沪闵高架桥

图 1.6 苏通长江公路大桥 75m 引桥

1.2 预制节段桥梁接缝类型

接缝是预制节段桥梁的特殊构造,也是结构的薄弱部位[20,21]。预制节段桥梁的结构力学性能和工作情况,如抗震性、整体性、稳定性、可靠性、耐久性等性能在很大方面取决于接缝的力学性能[22-24]。接缝必须能够满足以下要求:荷载作用下,接缝位置自身强度不能成为整个桥梁结构中的最薄弱环节,应强于节段本身的强度;接缝应能平稳顺利地传递节段间正应力和剪应力,发挥传递内力的功能;接缝构造简易,实现快捷、便利施工,并满足工程的具体要求。因此,接缝的合理选用也是非常重要的[25]。

表 1.1 为工程实践中常用的接缝形式,主要包括湿接缝、胶接缝和干接缝三种类型。为便于不同类型接缝的节段梁抗力分类设计,美国 AASHTO《节段式混凝土桥梁设计和施工指导性规范》将湿接缝和胶接缝统称为 A 类接缝,而将干接缝称为 B 类接缝[26]。

节段梁接缝类型　　　　　　　　　　　　　　表 1.1

类型	施工方法	使用场合	接缝抗力来源	AASHTO 分类
湿接缝	接缝面凿毛,配筋,立模浇筑	合龙段或拼装线性误差调整节段	混凝土+普通钢筋+预应力钢筋	A 类接缝
胶接缝	接缝面涂抹环氧类树脂胶	使用广泛	环氧胶(环氧胶+剪力键)+预应力钢筋	

续表

类型	施工方法	使用场合	接缝抗力来源	AASHTO 分类
干接缝	接缝面不涂抹任何粘结材料	环境腐蚀性小的桥位、临时桥梁	接缝面摩擦＋预应力钢筋	B类接缝

1.2.1 湿接缝

湿接缝是指在相邻节段间预留一定的间距，间距通常设置为 30～80cm。节段梁在预制厂完成立模浇筑和养护后，运至桥位吊装就位，在节段预留间距中绑扎接缝钢筋，浇筑接缝混凝土完成相邻节段连接[27]。湿接缝的施工过程主要包括凿毛、安装底模、绑扎钢筋、安装预应力钢束、安装侧模、浇筑混凝土、养生和张拉预应力筋等工序[28]。由于湿接缝需在桥位现场进行钢筋绑扎、混凝土浇筑及养护现场作业时间长，质量控制难度大，施工安全风险增加，且施工受到温度和天气的影响；同时，接缝处与节段混凝土龄期差异较大，收缩徐变量不匹配，接缝位置混凝土可能出现病害；另外，接缝处结构线形不易控制。所以，目前湿接缝主要用于桥梁合龙段[29]。

1.2.2 胶接缝

胶接缝是指相邻节段间不预留间隙，节段梁体在吊装就位后，对接缝面涂抹环氧树脂胶，在临时预应力作用下完成接缝的强度形成[30-32]。环氧树脂胶通常采用环氧树脂（A组分）和固化剂（B组分）按一定比例均匀拌合制成，其主要作用包括：

润滑作用：环氧树脂胶在硬化前为黏稠状，节段梁拼接时接缝间凹凸形剪力键可因环氧树脂胶的润滑作用而滑进定位，便于节段拼装定位[33-35]。

铆栓作用：通过预压力，使环氧树脂胶填充镶合接缝表面混凝土气孔，固化后可起铆栓作用，利于应力的传递[33-35]。

密封防水：填充密封接缝，防止预应力筋锈蚀，保证梁体具备良好的防渗性能[33-35]。

传递应力：环氧树脂胶硬化后强度高，可在接缝面均匀传递高应力，通过对压力和剪力的传递参与桥梁结构的抗力作用[33-35]。

快速拼装：拼缝胶强度形成速度快，大大缩短节段拼装时间[30]。

1.2.3 干接缝

干接缝是指节段梁段间不留有间隙，在相邻节段接缝表面也不需要采用任何胶粘剂，仅借助预应力（体内或体外）将各梁段连成一个整体[36]。和湿接缝施工相比，节省了湿接缝构造的施工和养护时间，施工效率高，质量易控；和胶接缝相比，干接缝省去了接缝粘结胶的涂抹工作，节省了粘结胶的硬化时间[37]。但干接缝节段式预应力混凝土桥梁也反映出一些缺陷和不足：在静力性能方面，由于接缝面混凝土表面（砂浆层）直接接触，正常使用阶段不能承受拉应力且抗压能力也有所下降，在承载能力极限状态，其受弯、受剪承载力均低于胶接缝和湿接缝节段式梁，且破坏位置更集中在接缝面[38,39]；在抗震性能方面，当地震作用使干接缝开展较大、重复及反向开展时，混凝土剪力键将可能出现脆性破坏、梁体被突然剪断[38,39]；在接缝耐久性方面，冻融循环地区若桥面防水失效，水汽易渗入接缝截面导致混凝土齿键逐渐破坏；海洋、潮湿多雨等复杂环境地区，有害物质也易侵入接缝截面导致接缝间混凝土剪力键出现耐久性病害[38,39]。

干接缝节段式构造的应用在国外一些设计规范和指南中也受到一定限制。美国 AASHTO《节段施工混凝土桥梁设计与施工指南》[40]（第二版）的 2003 年临时修改版和 AASHTO《LRFD 桥梁设计规范》[41]（第三版）中指出，所有新建结构仅能采用 A 类接缝（湿接缝或胶接缝），而保留的有关干接缝条文仅用于已建桥梁的荷载评定[38]。新建节段式预制拼装预应力混凝土桥梁已不再使用干接缝，即使全体外预应力节段梁桥也至少采用胶接缝[38]。

综上所述，干接缝节段式预应力混凝土桥梁在受力性能及耐久性等方面的缺陷和不足也在一定程度上限制了其应用和发展，新建节段式预制拼装预应力混凝土桥梁已不再采用干接缝。而湿接缝现场作业时间长，质量控制难度大，一般也多适用于桥梁的合龙段。胶接缝相比湿接缝具备更好的施工条件，相比干接缝具备较好的受力性能和耐久性。因此，其在节段式预制拼装预应力混凝土桥梁中得到广泛的应用，这也是规范中推荐的接缝形式。

1.3 接缝剪力键类型

一般认为，湿接缝经过精心养护后，性能与整体浇筑结构接近[42]。而胶接缝和干接缝需要设置节段与节段之间嵌合的剪力键，用以传递节段之间的剪力（直剪和弯剪），剪力键键齿也有助于节段拼装时的定位[43,44]。

1.3.1 传统混凝土齿键接缝

节段预制式混凝土梁段接缝通常设有混凝土剪力键，剪力键在匹配断面分别称为键块与键槽，为凹凸密接的棱台状，倾斜角一般接近 45°以方便节段匹配预制时脱模和匹配拼装。Koseki 和 Breen[45] 在《Exploratory Study of Shear Strength of Joints for Precast Segmental Bridges》中介绍，早期预制节段梁通常在腹板高度范围内设置一个配筋大齿单键来实现节段梁之间的传力作用，图 1.7 为 JFK Memorial

Causeway[45]桥预制梁段接缝采用的配筋大齿单键构造形式。后期（1980年之后），为使预制节段梁间接缝更好地机械咬合，确保腹板高度范围内剪力均匀地传递，接缝普遍倾向采用多齿小键接缝，并且对小齿键不进行配筋设计，键齿为素混凝土键块，如图1.8所示。表1.2为单齿键接缝与多齿键接缝的比较。

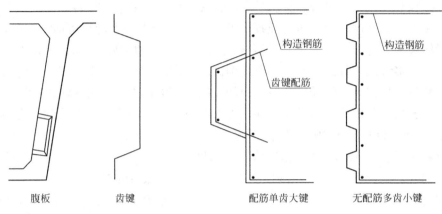

图1.7 JFK Memorial Causeway桥接缝　　　　　图1.8 接缝构造图

单齿键接缝与多齿键接缝对比　　　　　　　　　　　表1.2

齿键类型	构造	受力
大齿单键	键齿尺寸较大，且在键齿内布置加强钢筋	节段间的剪力和压力集中在一个接触面上，与密齿键相比受力明显不利
多齿密键	键齿尺寸较小，键齿内无加强钢筋，一般为素混凝土块	节段间的剪力和压力在整个截面高度上均匀传递

由于普通钢筋在接缝位置断开和接缝自身构造复杂，节段梁剪切性能受到很多因素影响，一直以来都是国内外学者关注和研究的重点对象。有关预制节段桥梁剪切破坏的研究主要包括节段间接缝剪切破坏研究和节段梁结构抗剪破坏研究两个方面[46,47]，前者主要研究接缝直接受剪破坏的力学机理，通过直接竖向加载进行剪切破坏试验，剪力占主要因素，截面上弯矩影响小，可以忽略不计，试验多采用小试件，如三段式和Z字形试件。节段梁结构抗剪破坏研究通常基于理论分析和梁体试验，主要考虑节段梁在受剪破坏的同时还受弯矩的影响，剪力作用引起的破坏占主要因素，但是弯矩的影响不可忽略。

1.3.1.1 接缝局部研究

1. 国外研究

（1）Koseki和Breen的研究[45]

1983年，Koseki对节段梁平缝、单齿键、多齿键接缝抗剪强度开展模型试验研究，试验结果显示：平面干接缝与齿键干接缝剪切滑移机理存在显著差异，而不同类型胶接缝的抗剪强度与整体试件基本相同；为提高节段间整体性能，建议干接缝采用多齿键接缝；且干接缝应以接缝间相对滑移作为控制参数，摩擦系数取 0.5 对平面干接缝摩擦抗力进行保守设计，取齿键剪切面混凝土名义剪切应力 $8\sqrt{f'_c}$ 对齿键干接缝进行剪切抗力设计。

（2）Bakhoum 的研究[48]

1990 年，Bakhoum 以接缝类型（干接缝、胶接缝）、接缝构造（平缝、齿键）、预压力大小（0.69MPa、1.38MPa、2.07MPa、3.45MPa）、胶接缝厚度（1mm、2mm、3mm）和荷载形式（单调加载、反复加载）为试验参数，对接缝传力机理、裂缝发展、抗剪承载能力等接缝局部剪切性能开展试验和理论研究。研究结果表明：胶接缝试件抗剪承载力高于干接缝试件，但胶接缝试件呈明显脆性破坏；预压力对接缝抗剪承载力呈正相关影响；在低周反复荷载作用下干接缝试件比胶接缝试件更早发生破坏。Bakhoum 建立有限元数值模型对试验试件开展数值模拟分析，其计算结果与试验结果良好吻合。基于试验和数值模拟成果，Bakhoum 通过回归分析获得了各类型接缝剪切承载力建议计算公式：

$$\text{平面干接缝}: V_j = A_j \times \mu \times \sigma_n \tag{1.1}$$

$$\text{平面胶接缝}: V_j = A_j(0.851\sqrt{f'_c} + 0.98\sigma_n) \tag{1.2}$$

$$\text{键齿干接缝}: V_j = A_j(0.647\sqrt{f'_c} + 1.36\sigma_n) \tag{1.3}$$

$$\text{键齿胶接缝}: V_j = A_j(0.921\sqrt{f'_c} + 1.20\sigma_n) \tag{1.4}$$

式中，A_j 为接缝剪切承载力（N）；f'_c 为混凝土圆柱体抗压强度（MPa）；σ_n 为接缝截面正应力（MPa）；A_j 为接缝截面总面积（mm^2）。节段梁接缝局部剪切承载力公式的提出弥补了 AASHTO 规范中仅规定斜截面受剪承载力计算公式的不足。

（3）Robert 和 Breen 的研究[26,49,50]

1993 年，Robert 和 Breen 深入分析 Bakhoum 的接缝剪切承载力建议式，并结合齿键干接缝的破坏机理，基于 Mattock 整体梁混凝土剪切理论，结合莫尔应力圆理论对接缝齿键根部单元进行应力分析。最终，通过数据拟合推导出了单齿键干接缝剪切强度计算公式：

$$V_j = A_k\sqrt{f'_c}(0.996 + 0.205\sigma_n) + 0.6A_{sm}\sigma_n \tag{1.5}$$

式中，A_k 为接缝破坏面上混凝土齿键剪切部分总面积（mm^2）；f'_c 为混凝土圆柱体抗压强度（MPa）；σ_n 为接缝截面正应力（MPa）；A_{sm} 为接缝破坏面上平面接触面积（mm^2）。1999 年 AASHTO 规范重新修订时将此公式正式引入[26]。

（4）Rombach 的研究[51,52]

2002 年，Rombach 基于 Bakhoum 试验中接缝试件，建立有限元模型，有限元计算结果与 Bakhoum 试验结果较为吻合；并以混凝土强度、齿键数量、齿键形状为参数，对接缝剪切强度进行计算分析，最终通过数理统计的方法回归分析获得齿键接缝剪切承载力建议计算公式：

键齿干接缝：
$$V_j = (\mu \times \sigma_n \times A_{joint} + f \times f_{ck} \times A_{key})/\gamma_F \tag{1.6}$$

键齿胶接缝：
$$V_j = (\mu \times \sigma_n \times A_{joint})/\gamma_F \tag{1.7}$$

式中，μ 为混凝土接缝面摩擦系数，按德国规范取值为 0.65；γ_F 为安全系数，取 2.0；σ_n 为接缝截面正应力（MPa）；A_{joint} 为接缝截面总面积（mm²）；f 为接缝截面齿键抗剪系数，取 0.14；f_{ck} 为混凝土抗压强度标准值（MPa）；A_{key} 为接缝截面上所有齿键根部总面积（mm²）。

(5) Turmo 和 Ramos 的研究[53,54]

2004 年，Turmo 和 Ramos 总结了节段梁接缝剪切承载力的现有研究成果。各国学者一致认为混凝土齿键干接缝剪切承载力由两部分组成：一部分由接缝截面间摩擦抗力提供，与摩擦系数 μ_1 和接缝截面正应力 σ_n 大小呈正比；另一部分由混凝土齿键剪切抗力提供，当没有正应力作用时，混凝土齿键所提供的剪切抗力 c 称为内聚力，而正应力所引起的剪切抗力反映于增强系数 μ_2。尽管各国学者针对混凝土齿键干接缝所提出的剪切承载力计算公式形式大致相同，但对以上三个参数取值存在较大差异。因此，为评估现有公式中 μ_1、μ_2 和 c 取值的准确性，Turmo 和 Ramos 开展了相应具有针对性的理论和试验研究。研究结果表明：美国 AASHTO 规范中的接缝剪切抗力计算公式具有良好的适用性，而西班牙规范公式理论基础不足且倾向于高估各类型接缝实际承载力。

(6) Zhou 的研究[55,56]

2005 年，Zhou 等人以齿键数量、正应力水平、接缝胶层厚度为试验参数，设计齿键接缝足尺试件，对接缝剪切力学性能进行直剪试验。研究结果显示：平面干接缝剪切抗力由接缝截面摩擦抗力提供，而平面胶接缝剪切抗力来自环氧胶层与混凝土砂浆层之间的黏结强度；胶接缝的剪切抗力远大于干接缝，但胶接缝呈明显的脆性破坏；多齿键干接缝中各齿键受力不均匀，齿键由下往上依次破坏，而多齿键胶接缝中各齿键受力均匀，齿键几乎同时开裂和破坏；环氧胶层厚度宜控制为 1~2mm；AASHTO 规范中接缝抗力计算公式对齿键胶接缝承载能力有较好预测，但低估了单齿键干接缝承载力，高估了多齿键干接缝承载力；Rombach 公式往往低估了单齿键干接缝和胶接缝的受剪承载力，而高估了多键齿干接缝的承载力；最后，Zhou 通过试验数据拟合提出了平面胶接缝的剪切承载力建议计算式：

$$V_{\text{expoxied-flatjoint}} = A_{\text{joint}} \sqrt{f'_c} (0.17\sigma_n + 0.53) \tag{1.8}$$

式中，f'_c 为混凝土圆柱体抗压强度（MPa）；σ_n 为接缝截面正应力（MPa）；A_{joint} 为接缝截面总面积（mm²）。

2. 国内研究现状

(1) 汪双炎的研究[57]

汪双炎为国内较早开展节段梁接缝剪切性能研究的学者。1997 年，汪双炎以齿键数量和正应力水平为试验参数，对多齿键干接缝剪切性能开展了试验研究。研究结果显示：三种正应力工况条件下，五键干接缝中各齿键受力的均匀程度比三键干接缝更好；同一荷载工况，三键和五键干接缝的齿键承压剪力基本一致，且齿键承压剪力占截面剪力的 14%；三键和五键干接缝受剪承载力基本相同，且接缝截面摩擦抗力所占比例较大；齿键干接缝的破坏模式为自下至上各齿键依次压碎剪坏[57]。

(2) 卢文良的研究[58]

卢文良对混凝土剪切强度和摩擦系数开展研究分析，并基于 AASHTO 规范中各类型接缝剪切抗力计算公式考虑多齿键受力不均匀折减系数后，最终提出了适用于各类型接缝的剪切抗力计算建议公式：

单键齿干接缝：$V_j = A_{\text{joint}}(0.55\sqrt{f'_c} + 1.0\sigma_c)$ （1.9）

多键齿干接缝：$V_j = 0.8A_{\text{joint}}(0.55\sqrt{f'_c} + 1.0\sigma_c)$ （1.10）

平接缝胶接缝：$V_j = A_{\text{joint}}(0.6\sqrt{f'_c} + 0.83\sigma_c)$ （1.11）

齿接缝胶接缝：$V_j = A_{\text{joint}}(0.55\sqrt{f'_c} + 1.44\sigma_c)$ （1.12）

式中，f'_c 为混凝土圆柱体抗压强度（MPa）；σ_c 为接缝截面正应力（MPa）；A_{joint} 为接缝截面总面积（mm²）。

(3) 东南大学的研究[59,60]

2010 年，李甲丁基于 AASHTO 公式，引入经验关系式 $f_t = 0.26 f_{\text{cu}}^{2/3}$，得到接缝直接剪切承载力建议公式[59]：

齿键干接缝：

$$V_{k,d} = A_k f_{\text{cu}}^{2/3}(0.42 + 0.08\sigma_n) + 0.6 A_{\text{sm}} \sigma_n \tag{1.13}$$

齿键胶接缝：

$$V_{k,e} = \alpha A_j f_{\text{cu}}^{2/3}(0.42 + 0.08\sigma_n) \tag{1.14}$$

2011 年，王建超对 15 个接缝试件开展直剪试验，并建立有限元模型。通过对单个齿键建立内力平衡方程和斜压杆模型，引入多齿键受力不均匀折减系数 α_1 和接缝截面应力梯度影响系数 α_2，最后推导得出各类型接缝剪切抗力计算建议公式[60]：

齿键干接缝：

$$V_j = \alpha_1\alpha_2(A_k \cdot \sqrt{\sigma_n(\gamma f_{ck} - \sigma_n)} + A_j \cdot \mu\sigma_n) \tag{1.15}$$

齿键胶接缝：

$$V_j = \alpha_1\alpha_2 A_k \cdot \sqrt{\sigma_n(\gamma f_{ck} - \sigma_n)} \tag{1.16}$$

以上各式中，α 为胶接缝折减系数，取 0.8；α_1 为多齿键不均匀折减系数；α_2 为应力梯度影响系数；$\gamma = 0.6(1-f_{ck}/250) > 0.5$ 为开裂混凝土抗压强度软化系数；其他参数意义如前所示。

（4）袁爱民的研究[61,62]

2018 年，袁爱民以齿键配筋形式、齿键数量及是否配有体内束为试验参数，以试件变形、开裂荷载、极限荷载、裂缝开展模式以及破坏模式为研究对象，对16 个胶接缝剪力键试件开展直剪试验。试验结果显示：相比素混凝土齿键胶接缝，双齿键、三齿键配筋胶接缝剪切承载力分别提高 8.73%、4.52%，而布置体内束的齿键胶接缝剪切承载力提高 18.6%；齿键配筋及布置体内束能明显提高接缝的延性，改变开裂形式；试件布置体内束后，齿键上斜裂缝的发展更加密集和充分；最后结合 Buyukozturk 的试验研究成果和 AASHTO 规范公式，依据胶接缝抗剪机理及摩尔-库仑摩擦破坏准则，提出了预测配筋齿键胶接缝剪切承载力计算建议公式[61]：

$$V_j = \alpha A_{joint}^{eq}(0.56\sqrt{f_c'} + 1.2\mu_2) \tag{1.17}$$

式中，α 为考虑齿键数量的系数，单键接缝、多键接缝 α 分别为 1.1、0.9；A_{joint}^{eq} 为换算截面面积，$A_{joint}^{eq} = A_c + (n-1)A_s$，其中 A_s 为配筋面积，$n = E_s/E_c$，E_s、E_c 分别为钢筋、混凝土的弹性模量。

（5）广东工业大学的研究[36,37]

2010 年，危春根基于 Turmo、Zhou 和汪双炎等人的试验结果，对混凝土齿键接缝抗剪破坏模式的主要特点进行了总结：混凝土齿键胶接缝出现的裂缝沿着齿键根部贯穿整个接缝面高度，而平面胶接缝在环氧树脂胶层与混凝土交接面的砂浆层发生直剪破坏；多键干接缝中各齿键受力不均匀，各齿键先后依次发生破坏；干接缝节段梁在剪跨比大于 6 的情况下，接缝位置仍有可能发生由剪切滑移失效而引起的剪切破坏；接缝的剪切承载力与混凝土齿键数量的增加并不呈正相关影响[36]。最后，在考虑齿键受力不均匀的基础上，引入折减系数，并考虑钢束的抗力贡献，提出接缝剪切承载力计算建议公式：

单齿键干接缝：

$$V_j = A_j(0.57\sqrt{f_c'} + 1.0 f_{pc}) + 0.95 V_{pe} \tag{1.18}$$

多齿键干接缝：

$$V_j = 0.78 A_j(0.57\sqrt{f_c'} + 1.0 f_{pc}) + 0.95 V_{pe} \tag{1.19}$$

式中，V_{pe} 为接缝截面体内、外预应力钢束的竖向分力（N）；其他参数意义同前。

2012年，邹琳斌结合模型试验和有限元数值模拟对单齿键干接缝局部剪切性能开展研究，结果表明：齿键应变分布与接缝面正应力相关性较小，裂缝的开展模式基本与接缝面正应力的大小无关；但随接缝面正应力的增大，试件刚度越大，荷载-滑移曲线斜率越大；AASHTO规范计算公式低估了齿键干接缝的剪切承载力[37]。

(6) 其他学者的研究

2015年，李学斌[63,64]对节段梁接缝面开展轴拉和剪切模型试验，试件破坏均出现在混凝土砂浆层与环氧树脂胶的黏结界面，环氧树脂胶能显著提高接缝截面的抗剪承载力。2019年，沈殷[65]针对多齿键接缝考虑不均匀系数，对AASHTO规范接缝受剪承载力计算公式进行修正，修正公式计算结果与相关试验结果误差在5%以内。2019年，卢文良[66]对110个胶接缝厚度取样，统计结果显示：在0.3MPa临时预压力作用下胶缝厚度主要集中在0.4～0.6mm区间。2019年，闫泽宇[67,68]结合模型试验和有限元数值模拟，研究得到UHPC齿键胶接缝在达到破坏荷载后承载力降低明显，属于脆性破坏。

1.3.1.2 结构研究

自节段施工方法问世以来，国内外对其结构受力性能进行了大量的理论研究和试验研究。

1. 理论研究

在理论研究方面一般采用两种方法：一是结构方法，即采用全过程弹塑性有限元分析方法，但考虑全过程的有限元方法往往是针对预制节段结构的抗弯性能研究，对其抗剪性能研究文献较少。主要原因是因为抗剪配筋本身是混凝土结构领域里的难题，国际上还没有完全达成共识的方法。二是采用传统的截面法，截面法是简化方法，其优点是与规范方法协调。具有代表性且唯一的便是美国州际公路和运输工作者协会（AASHTO）出版的《节段式混凝土桥梁设计和施工指导性规范》[26]。它把节段接缝分为两类，即预制节段间的湿接缝和胶接缝统称为A类接缝，预制节段间的干接缝称为B类接缝。表1.3为AASHTO规范对于不同预应力钢筋形式和不同接缝类型的节段施工混凝土结构的抗弯折减系数ϕ_f和抗剪折减系数ϕ_v。表1.3中以0.05为极差的系数带有经验性，但其优点是与现行规范的平截面假定协调。

节段施工混凝土结构的强度折减系数[26]　　　　表1.3

预制节段普通混凝土桥梁				
预应力筋类型	接缝类型	ϕ_f	ϕ_v	ϕ_j
全黏结体内预应力筋	A类接缝	0.95	0.90	—
无黏结或部分黏结体外力筋	A类接缝	0.90	0.85	—
	B类接缝	0.85	0.85	0.75

续表

预制节段轻质混凝土桥梁				
预应力筋类型	接缝类型	ϕ_f	ϕ_v	ϕ_j
全黏结体内预应力筋	A类接缝	0.90	0.70	—
无黏结或部分黏结体外预应力筋	A类接缝	0.85	0.65	—
	B类接缝	0.80	0.65	0.60

2. 试验研究

Rabbat[69,70]等人测试了3根预制节段混凝土梁试验，并用传统抗弯理论预测抗弯承载能力。Macgregor[46,71]等人利用三跨缩尺梁试验验证了节段梁体内束与体外束的受力差别。Aparicio[72,73]等人对干接缝体外预应力节段梁进行了弯曲试验，采用特殊接缝单元反映接缝开裂，用非线性杆系模型对体内、体外预应力节段梁进行了分析。Huang[74]等人用实体有限元对体外预应力节段梁进行了模拟。Yuan[75,76]等人针对体内束和体外束的配比进行了试验，得到了钢束比例和荷载类型对受力模式的影响，并认为节段梁最终破坏发生在弯剪内力急剧变化的截面附近键齿处。Jiang[77,78]等人对14根体外预应力混凝土梁开展试验，给出了不同的节段梁破坏模式，验证了节段个数对弯曲性能的影响，并提出了计算方法。Moustafa[79]对胶接缝节段式体外预应力混凝土梁进行了抗剪试验。Ramirez[80]等人对12片体内无黏结预制节段简支T形梁开展试验研究，试验结果显示：梁段接缝截面单侧涂胶与两侧涂胶的剪切强度基本一致；小剪跨比下，节段梁与整体梁的力学性能基本相同；大剪跨比下，距加载点最近的接缝位置出现裂缝并向加载点发展至破坏。Turmo[81-83]等人的体外预应力干接缝节段梁试验揭示了节段梁在弯剪组合受力情况下的受力机理，同时发现接缝两侧节段内配置的箍筋抗剪贡献小，节段梁的受弯、受剪承载力均小于整体梁。Li[39,84-88]的试验结果给出了体内预应力筋的作用，提出了加载点在接缝附近的破坏模式，依据平衡方程给出了此种受力模式的承载能力计算方法，并通过试验拟合得到体外预应力筋应力增量的简化计算公式及体外预应力筋二次效应的简化计算公式。Brenkus[89]等人对一种特殊形状的节段梁进行了试验研究。Takebayashi[90]等人对1片45m足尺预制节段干接缝试验梁开展弯曲试验，试验显示节段梁达到设计荷载时，节段间干接缝未出现滑移，梁体也未发生斜截面破坏。Hindi[91]试验结果表明有黏结预应力预制节段梁的强度和延性均高于无黏结预应力预制节段梁。Sivaleepunth[92]等人对节段梁节段长度、接缝形式（平接缝、键齿接缝）、正应力水平开展试验研究，试验结果认为节段梁裂缝开展模式与正应力大小相关，截面抗剪强度受节段长度影响较小，支座附近截面剪力可以通过齿键接缝进行传递。

中国铁道科学研究院[93]对成昆铁路预制节段胶拼梁开展荷载试验,试验结果显示胶拼节段式预应力混凝土桥梁的开裂荷载是整体梁的81.7%,梁体破坏时受压区混凝土达到受压极限而失去承载力,强度极限与整体梁相近。徐栋[13]采用如图1.9所示的弹簧单元来研究接缝受力,模型采用了杆系模型。徐海军[94]将接缝区域直接采用一个有限长度的素混凝土段(C段)来研究接缝受力,如图1.10所示。李国平[39]共进行了18个简支梁、3个连续梁抗弯试验,以接缝数量、接缝位置、剪跨比、体内与体外预应力束配束比为参数开展了大量试验研究,研究结果显示:小剪跨比时,节段梁与整体梁受力性能基本一致,出现斜压破坏;大剪跨比时,接缝对裂缝的出现位置、裂缝开展以及结构的破坏模式均有较大影响。此外,针对节段式预应力混凝土桥梁李国平还建立了受弯承载力、斜截面受剪承载力及受弯构件接缝截面受剪弯承载力的简化计算公式。曾永革[95]的研究结果认为接缝两侧节段混凝土强度直接影响节段梁的受弯承载力;节段长度对梁体极限挠度和受弯承载力呈正影响。刘钊[96]对体内、体外混合预应力束的干接缝节段梁开展足尺模型试验,试验结果显示:施工阶段荷载工况下,节段梁各截面下缘均处于受压状态,且有足够安全储备;运营阶段设计荷载组合工况下,接缝间齿键均未出现剪切滑移,试验梁仍处于弹性状态,结构整体性较好。

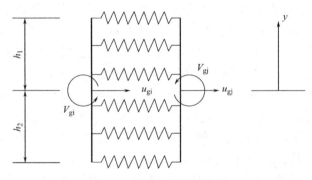

图1.9 接缝的弹簧单元

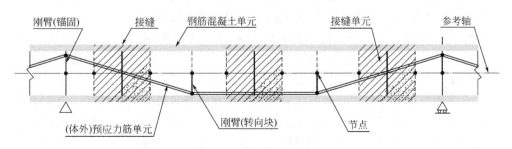

图1.10 预制节段结构通常采用的有限元模型

1.3.2 钢榫键接缝

预制节段桥梁通常采用凹凸形混凝土齿键作为接缝的传力构造。自1950年来，国内外学者通过理论分析、数值模拟、试验研究已对混凝土齿键接缝的力学性能和承载能力进行了大量的科学研究。Jones[97] 得出接缝抗力与轴向预压力呈正比例关系。Buyukozturk 等[43] 通过试验得到胶接缝剪切强度明显高于干接缝，干接齿键接缝的抗剪强度和刚度会随着预压应力的增大而提高。Zhou[44] 认为 AASHTO[26] 规范低估了单齿键干接缝承载力，同时高估了多齿键干接缝承载能力。Issa 等[98] 通过试验得到胶接缝高温养护比低温养护承载力平均提高 28%。Rombach[51] 的试验结果表明胶接齿键接缝的抗剪强度比干接缝大 20%。同时，研究人员得到共同的结论：传统混凝土齿键接缝在达到峰值加载力后，承载力急剧降低，破坏后仅仅依靠接缝间摩擦提供抗力。干接缝破坏时沿着齿键根部出现直剪破坏[44,54,56,99-102]，胶接缝的破坏则出现在环氧胶层、环氧胶与混凝土黏结层、混凝土砂浆层[44,79,103-105]。

为提高接缝的受剪承载力、延性、传力可靠性及施工便利性，科研人员基于新材料和新型剪力键接缝进行了大量研究。Beattie[106] 的试验对比了素混凝土齿键接缝，得出掺入钢纤维的混凝土齿键接缝承载力和延性都有提高。Jiang[99,107,108] 试验显示 SFRC 干接缝强度相比传统混凝土齿键干接缝承载力提高 25%。Voo[109]、Kim[110] 开展 UHPC 齿键接缝试验，得到 UHPC 齿键接缝强度随齿键数量的增加而增加。袁爱民[61] 对 16 个试件开展直剪试验，获得布置体内束的胶接缝剪力键受剪承载能力相比素混凝土齿键提高 18.6%。孙学帅[111] 通过试验得到普通钢筋插筋剪力键延性较好，而 FRP 插筋剪力键表现出较大的脆性。Sangkhon[112] 对齿键的几何构造形式进行了试验研究，得到半圆形齿键和三角形齿键的受剪承载能力明显好于梯形齿键，但是半圆形和三角形齿键更容易出现脆性破坏。Turmo[54]、Jiang[107] 的试验结果显示 SFRC 可以提高齿键接缝的延性。Smittakorn[100] 的试验结果显示钢纤维能提高齿键接缝的抗剪能力。Gopal[113] 研究得到 UHPFRC 齿键接缝的受剪承载能力随齿键数量的增加而明显增加。综上所述，为获得不同参数变量对齿键接缝力学性能的影响以及改善齿键接缝局部受力性能，国内外众多研究人员通过大量的理论和试验研究获得了丰硕的研究成果。但随着快速桥梁施工在国内外的逐步推广，更加需要一种传力有效、制作简易、施工方便、质量易控、综合造价低廉的新型接缝形式。

本书为简化接缝形式，改善接缝传力，提高接缝承载能力和延性，针对预制节段梁剪力键设计了方形锚头钢榫键。钢榫键由凸键和凹键组成，其中凸键包括锚头和跨缝齿，凹键包括锚头和承插槽，如图 1.11（a）所示。凸键和凹键分别预埋在预制节段梁 A 段和预制节段梁 B 段中，节段拼装时在纵向预应力（体内束或体外束）的作用下通过凹键和凸键的匹配对位实现接缝的拼装连接，如图 1.11（b）所示。

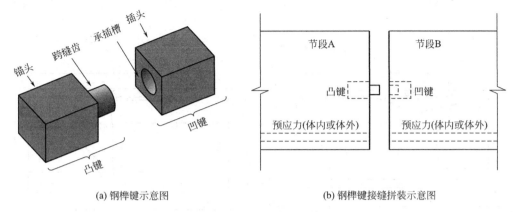

图 1.11　钢榫键接缝示意图

1.3.3　纵筋连续接缝

虽然采用预制节段施工的桥梁在世界上已有很多工程实例，但桥梁界仍然对于这种结构是有疑虑的。主要因为结构构造上存在超规范的因素：纵向钢筋存在被完全打断的接缝。预制节段施工结构的本质可视为插有若干素混凝土区段的钢筋混凝土结构，即纵向普通钢筋断开、"跳档"的箍筋形成的无钢筋素混凝土段（C 段，即接缝），以及纵向普通钢筋连续的钢筋混凝土段（R 段），如图 1.12 所示。

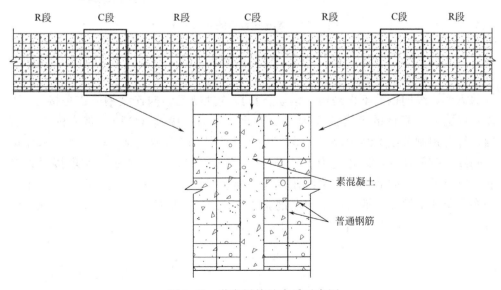

图 1.12　节段梁接缝本质示意图

接缝（C段）是预制节段桥梁的特点也是弱点，其受力性能是这种结构的关键。大量研究成果显示：预制节段结构的裂缝开展基本是在接缝附近[71]，如图 1.13 所示。

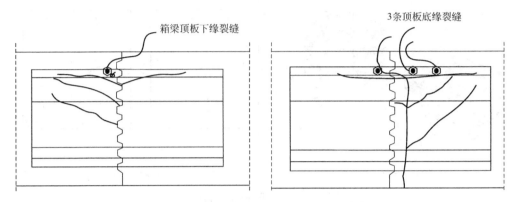

图 1.13　接缝附近的裂缝开展示意图[71]

实际上，接缝（C段）犹如预设的裂缝位置，其受力情况已经脱离结构设计中截面方法的基石——所有截面满足平面假定，如图 1.14 所示。

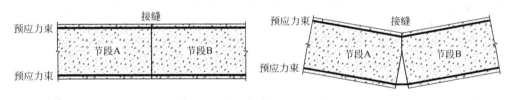

图 1.14　接缝开裂后的变形情况

近年来，笔者所在课题组持续研究的网格抗剪钢筋理念，阐明了主梁纵向钢筋特别是腹板水平钢筋的抗剪作用：纵向钢筋的布置要求与箍筋一致，需要满足抗剪需要，纵向钢筋不再是构造钢筋。在接缝处缺乏纵向连续钢筋正是接缝（C段）成为受力隐忧的最直接原因。基于此，为消除接缝（C段）带来的不利影响，针对预制节段梁结构提出接缝处纵向钢筋连续的新型预制节段梁，即采用梁段间纵向钢筋连续可以在受力上"消除"接缝，如图 1.15 所示。实现接缝处纵筋连续可采用纵向插筋的方法：在接缝一侧预留孔道，另一侧预埋钢筋，施工时先在预留孔道填充植筋胶，将预埋钢筋插入孔道，完成拼接。拼接完成后施加临时预应力直至接缝胶凝固，如图 1.16 所示。

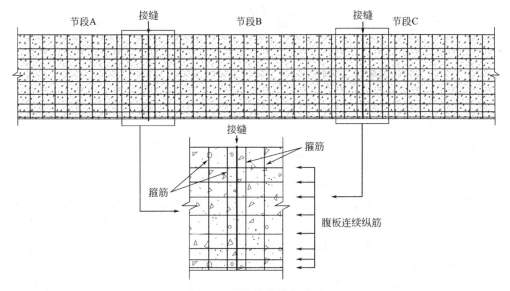

图1.15 接缝处纵筋连续

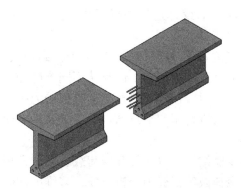

图1.16 接缝处纵向插筋示意图

第2章 钢榫键接缝剪切性能研究

2.1 概述

钢榫键作为一种构造简单、拼装方便的新型接缝剪力键，与传统混凝土齿键为代表的剪力键相比，其传力机制和受力特点存在较大的差别。那么，钢榫键接缝的力学性能如何、能否替代传统混凝土齿键以及钢榫键在不同工况状态下的力学行为成为关注的焦点。目前有关预制节段桥梁钢榫键接缝抗剪力学性能的研究在国内外还是空白，可参考的资料甚少。因此，本章将从以下三个方面对钢榫键接缝的力学性能开展研究。

首先，本章对钢榫键的设计过程进行了详细介绍，并精加工制成8对钢榫键，共设计10个"Z"形接缝试件，基于接缝类型（干接缝、胶接缝）、榫键数量（单键、双键代表多键）、榫键几何形式（方形、圆形）、榫键尺寸等试验参数对钢榫键接缝力学性能开展试验研究。试验从不同维度对比了圆形和方形钢榫键接缝力学性能间的差异，对胶接缝和干接缝的直剪受力机理进行了详细分析，对不同类型接缝的破坏模式进行了归纳总结，并通过数据对比获得了钢榫键数量对接缝力学性能的影响。

其次，基于直剪试验结果，以试件开裂荷载、裂缝发展、极限荷载、剪切位移、预应力变化、残余荷载等指标为分析对象，多维度横向对比分析了钢榫键接缝与传统混凝土齿键接缝抗剪力学性能的差异。

最后，针对钢榫键接缝从施工阶段到成桥运营阶段的受力特性，本章将开展过程分析，并结合理论分析、试验研究和数值模拟对钢榫键接缝在不同工况下的受力特性、破坏模式、极限承载能力取值依据等进行深入研究。

2.2 试验概况

2.2.1 钢榫键设计

试验所用钢榫键（SSK键）由Q235B钢材精加工制成，榫键尺寸制作误差为 0.001mm。试验共设计三种类型钢榫键，分别为 SSK1、SSK2、SSK3 型榫键，各榫键设计尺寸如表 2.1 所示。

钢榫键尺寸参数表　　　　　　　　　　表 2.1

钢榫键编号	锚头形式	锚头尺寸（mm）	跨缝齿直径（mm）	跨缝齿长度（mm）	数量
SSK1	方形	90×60×60	40	40	6
SSK2	圆形	90×φ70	40	40	1
SSK3	方形	60×40×40	25	40	1

SSK1、SSK3 凹键和凸键均采用方形锚头，SSK2 凹键和凸键均采用圆形锚头，SSK1 与 SSK2 锚头截面近似等面积；SSK1、SSK2、SSK3 跨缝齿长度均为 40mm；SSK1、SSK2、SSK3 跨缝齿均采用圆形截面，SSK1、SSK2 跨缝齿直径为 40mm，SSK3 跨缝齿直径为 25mm；SSK1、SSK2、SSK3 承插槽与跨缝齿的活动间隙均设计为 0.2mm；SSK1、SSK2、SSK3 凹凸键锚头中部采用突变截面，以提高钢榫键与混凝土的机械咬合，且将锚头表面进行网格刻槽处理；同时，为确保凹键和凸键顺利匹配对接，SSK1、SSK2、SSK3 跨缝齿端部设计成 45°坡角。各钢榫键模型如图 2.1 所示。

2.2.2　剪力键等效设计

混凝土齿键（CK 键）构造依据 AASHTO[26] 规范设计，采用 C50 普通混凝土。Roberts、Breen[50] 认为节段梁接缝直剪抗力由剪力键和界面摩擦力提供，并提出抗剪公式（2.1）写入 AASHTO[26] 规范：

$$V_j = A_k \sqrt{f'_c}(0.996 + 0.205\sigma_n) + 0.6 A_{sm}\sigma_n \qquad (2.1)$$

公式（2.1）中剪力键抗力为：

$$V_k = A_k \sqrt{f'_c}(0.996 + 0.205\sigma_n) \qquad (2.2)$$

钢结构剪切强度实用计算公式为：

$$F = \tau \cdot A \qquad (2.3)$$

式中，V_j 为接缝受剪承载力（N）；V_k 为键齿受剪承载力（N）；A_k 为混凝土齿键根部剪切面的总面积（mm²）；f'_c 为混凝土圆柱体抗压强度（MPa）；σ_n 为接缝截面侧向压应力（MPa）；A_{sm} 为接缝截面上平面接触面面积（mm²）；τ 为剪应力（MPa）；A 为榫键跨缝齿剪切面面积（mm²）；F 为剪切抗力（N）。剪力键设计基于材料强度和几何尺寸，利用公式（2.2）和公式（2.3）对两种剪力键尺寸进行等效设计，获得 CK 键、SSK 键详细几何尺寸，如图 2.2（a）、（b）所示。

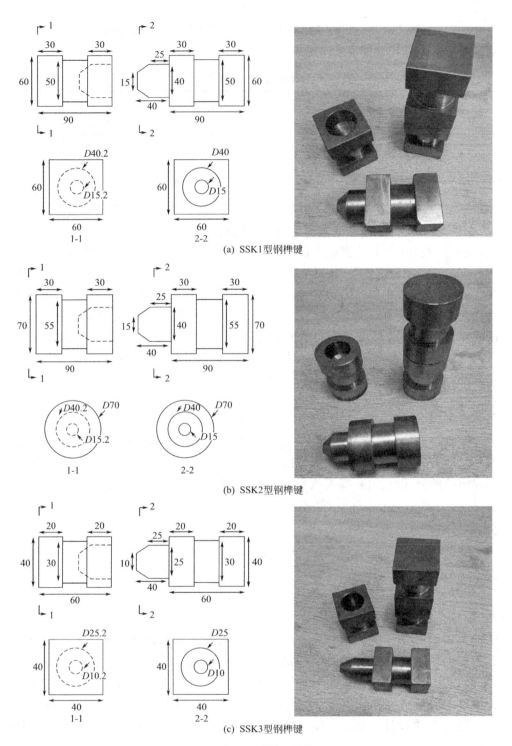

图 2.1　钢榫键设计[114]（单位：mm）

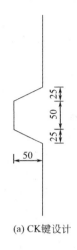

(a) CK键设计

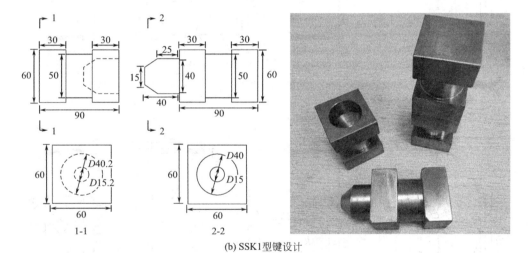

(b) SSK1型键设计

图2.2 剪力键设计（单位：mm）

2.2.3 试件设计

预制节段结构接缝直剪力学行为及承载能力通过设计"Z"形接缝推出试验获得[61,107]。试件设计包括平面接缝、传统混凝土齿键接缝、单榫键接缝及双榫键接缝，如图2.3所示。为减小弯曲应力对接缝直剪受力的影响，试件设计时则尽量减少加载点处试件悬臂端的长度。为避免加载过程中非研究对象的破坏，在相应位置设置构造钢筋以增强构件的刚度，构造钢筋采用直径为16mm的HRB400钢筋；同时加载位置设置预埋钢板以减小应力集中对试验结果的影响，预埋钢板采用200mm×100mm×25mm的Q235钢板。为确保试件间有足够的剪切错动位移，凸键所在试件与凹键所在试件竖向相对间隙为50mm。所有试件厚度设计为200mm。图2.3（a）～（d）列出了各试件详细尺寸及预埋件布置，图中①为预埋钢板，②为构造钢筋，③为平面接缝，④为传统混凝土齿键，⑤为钢榫键。

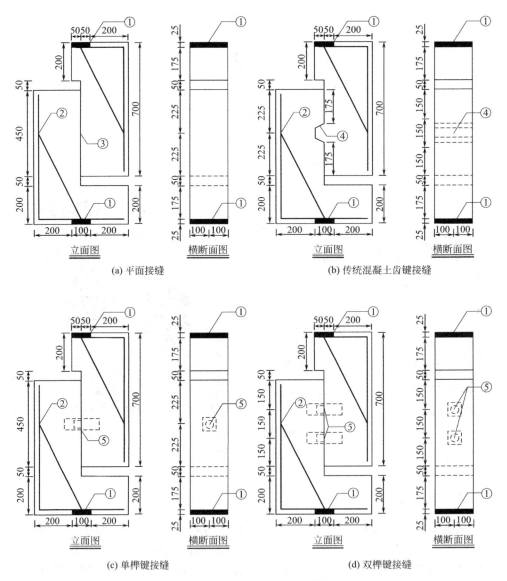

(a) 平面接缝　　(b) 传统混凝土齿键接缝

(c) 单榫键接缝　　(d) 双榫键接缝

图2.3　钢榫键接缝模型尺寸（单位：mm）

试件编号用字母DS和数字序号表示，本次试验一共设计10个试件，各试件混凝土强度、侧向预压力、试件尺寸等参数均一致。表2.2列出了各试件的参数值。

试件参数表　　　　　　　　　　表 2.2

试件编号	混凝土强度等级	接缝类型	接缝面积（mm²）	侧向压力（MPa）	钢榫键型号	钢榫键数量
DS1	C50	干接缝	200×450	1	无	0
DS2	C50	干接缝	200×450	1	CK	1
DS3	C50	干接缝	200×450	1	SSK1	1
DS4	C50	胶接缝	200×450	1	无	0
DS5	C50	胶接缝	200×450	1	CK	1
DS6	C50	胶接缝	200×450	1	SSK1	1
DS7	C50	干接缝	200×450	1	SSK2	1
DS8	C50	干接缝	200×450	1	SSK3	1
DS9	C50	干接缝	200×450	1	SSK1	2
DS10	C50	胶接缝	200×450	1	SSK1	2

2.2.4　材料特性

（1）混凝土

试件均采用 C50 普通混凝土。水泥采用海螺 52.5P.Ⅱ 规格水泥，粗骨料采用新开元 5～20mm 规格骨料，细骨料采用南陵中砂，外加剂采用西盟司 DSZ-1-Z，粉煤灰采用太仓杰捷 F 类 Ⅰ 级，矿粉采用家田 S95，水采用的是自来水，混凝土配合比如表 2.3 所示。测试混凝土抗压强度根据《普通混凝土力学性能试验方法标准》GB/T 50081—2002[115] 制作 150mm×150mm×150mm 立方体试块，测得强度代表值为 64.8MPa，如表 2.4 所示。

混凝土配合比（单位：kg/m³）　　　　　　　表 2.3

强度等级	水	水泥	矿粉	粉煤灰	砂	石子	外加剂
C50	155	373	107	53	814	881	5.33

混凝土实测强度表　　　　　　　　表 2.4

编号	破坏荷载(kN)	抗压强度(MPa)	强度代表值(MPa)
试块 1	1522.4	67.7	
试块 2	1419.3	63.1	64.8
试块 3	1430.2	63.6	

（2）环氧树脂胶

试件胶接缝采用国产商用环氧结构胶，该胶由 A、B 两种特定的环氧树脂材料按照 3∶1 比例拌合而成，在 23±2℃ 条件下养护 7d 的力学参数如表 2.5 所示。环氧树脂胶搅拌至胶体颜色一致后，均匀刮涂在单侧试件接缝表面，刮涂厚度严格控制在 3mm，在侧向临时预压力 0.5MPa[116] 作用下养护 3d 后进行加载试验[61]。

环氧树脂胶力学参数　　　　　　　　　　表 2.5

密度 (g/cm^3)	抗压强度 (MPa)	弹性模量 (GPa)	抗剪强度 (MPa)	抗拉弯强度 (MPa)	收缩率 (%)	可黏结时间 (min)	热变形温度 (℃)
1.7	80.5	6.5	30	5.2	0.1	60~100	63

2.2.5　试件制作

试件制作采用一次性匹配浇筑施工，浇筑混凝土前将凹键和凸键匹配安置在接缝两侧设计位置，养护后得到最终试件模型如图 2.4 所示。

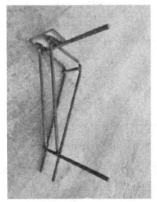
(a) 钢筋骨架

(b) DS1/DS4 试件

(c) DS3/DS6 试件

(d) DS7 试件

(e) DS8 试件

(f) DS9/DS10 试件

图 2.4　试件模型

2.2.6 试验装置及加载方案

竖向力加载设备：采用电液伺服长柱试验机（图 2.5a），所有试件均采用位移加载[44]，加载速度为 0.1mm/min。为了降低局部弯矩使构件外侧混凝土发生受拉开裂破坏的影响，在试件加载点混凝土表面位置放置 1 块钢板和 1 个球铰[108]。为保证直剪力作用线与接缝面重合，在试件底端也放置 1 块钢板。试件正反面沿接缝位置各布置一个竖向位移计，位移计最大量程为 100mm。水平加载设备：为了模拟桥梁节段间的预应力，且避免体内筋对试验结果的干扰，试验采用体外水平加载设备[44,51,99]。该设备由液压千斤顶、水平力加载板、精轧螺纹钢、压力传感器组成，如图 2.5（b）所示。为横向对比钢榫键和混凝土键的

(a) 加载装置与采集设备

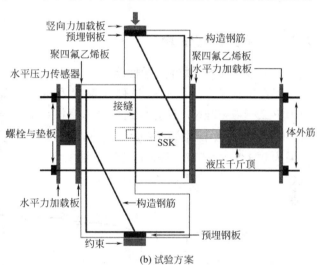

(b) 试验方案

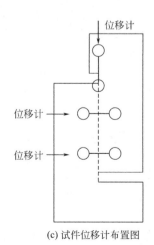

(c) 试件位移计布置图

图 2.5 加载方案

力学性能差异，本书施加水平力大小参照 Ahmed[104] 等人的试验，将接缝压应力设置为恒值——1MPa。同时，为了减少侧向预压力施加装置与试件之间的竖向摩擦力，在试件两侧的混凝土表面上各放置了 1 块厚度为 10mm 的聚四氟乙烯板[61]。水平荷载可通过压力传感器（GBD430）读出加载力，从而控制施加的水平力。试件水平方向正反面各布置两个位移计，最大量程为 50mm，如图 2.5 (c) 所示。数据采集设备：竖向压力传感器和所有位移计均采用 ZFXIMP-1B 动态采集仪进行数据采集。

2.3 试验过程与分析

2.3.1 平面接缝试验

2.3.1.1 DS1 试件力学性能

根据试验结果绘制 DS1 试件荷载-位移曲线，如图 2.6 所示，最大试验加载力为 $F_{max}=56.7$kN，计算得到接缝静摩擦系数 $\mu=0.63$。Jones[97]、Turmo[54]、Breen[45] 等人做了同样的试验，Jones 的试验结果为 039~0.69，Turmo 的试验结果为 0.491~0.577，Breen 的试验结果为 0.6。

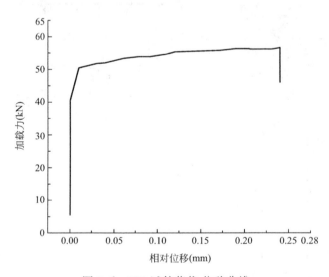

图 2.6 DS1 试件荷载-位移曲线

2.3.1.2 DS4 试件力学性能

通过试验加载及数据整理，获得 DS4 试件荷载-位移曲线，如图 2.7 (a) 所示，加载初期试件间未发生相对位移，试件刚度大，竖向加载力增加迅速，荷载-位移曲线 OA 段呈刚性发展。当加载力为 52.3kN 时试件开始发生竖向相对位移。随着继续加载，荷载-位移曲线随后进入线弹性段，直至峰值出现，最大试验加载力为 $F_{max}=479.5$kN。伴随着极限承载力的出现，试件发出"砰"的破坏响声，试件沿着接缝出现直剪破坏，加载力急剧降低。试件破坏后，接缝位置混凝土表面砂浆层出现剥落，骨料外漏，如图 2.7（b）所示。

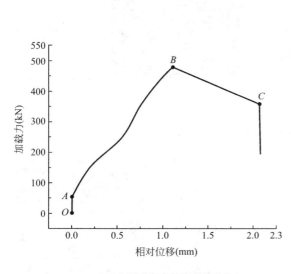

(a) DS4试件竖向荷载-位移曲线　　　　(b) DS4试件直剪破坏模式

图 2.7　DS4 试件力学性能

2.3.2　混凝土齿键接缝试验

2.3.2.1　DS2 试件力学性能

DS2 试件荷载-位移曲线如图 2.8（a）所示，接缝开裂荷载为 174.8kN，极限荷载为 181.6kN，峰值荷载出现后加载力迅速降低。裂缝发展及破坏模式如图 2.8（b）~（d）所示，凸齿下腋角首先出现裂缝，裂缝与水平向接近 70°，裂缝宽度为 0.291mm。随后，齿键根部裂缝快速发展，出现多条细小平行裂缝并相互贯通，与初始裂缝形成一条剪切主裂缝。从试验数据和试验现象可见混凝土齿键接缝从开裂到发生剪切破坏的过程迅速，呈脆性破坏。该试验结果与 Zhou[44]、袁爱民[61]等人试验结果一致。

2.3.2.2　DS5 试件力学性能

DS5 试件荷载-位移曲线如图 2.9（a）所示，加载初期试件刚度大，曲线快速上升。初始裂缝出现时加载力为 529.5kN，初始裂缝出现在接缝面及凸键，裂缝最大宽度为 0.415mm。初始裂缝出现后，试件刚度降低明显，加载力骤降，

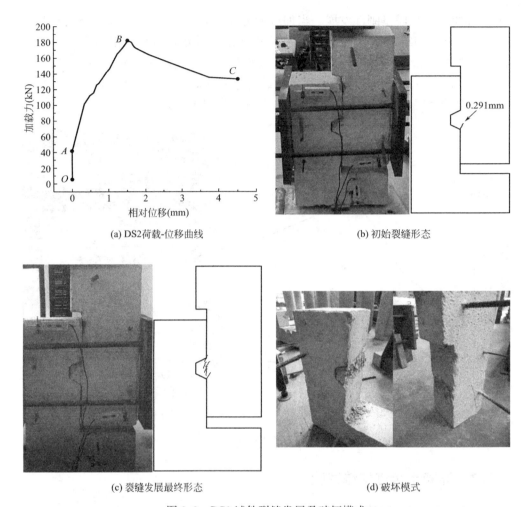

图 2.8 DS2 试件裂缝发展及破坏模式

试件开裂即出现极限荷载。随后裂缝几乎垂直于接缝面法向发展，且在试件厚度方向通透。试件破坏时，凸键齿根部裂缝上下贯通形成剪切面，接缝面混凝土砂浆层脱落，骨料外漏。试件裂缝发展及破坏模式如图 2.9（b）、（c）所示。

2.3.3 钢榫键干接缝试验

2.3.3.1 DS3 试件力学性能

DS3 试件荷载-位移曲线如图 2.10（a）所示，加载初期试件刚度大，曲线 OA 段呈刚性发展。随后试件间发生竖向相对位移，曲线 AB 段呈线弹性发展。加载力为 271.2kN 时，凸键出现初始裂缝，裂缝在试件厚度方向通透，该阶段试件刚度突降，曲线 BC 段骤降，如图 2.10（a）～（c）所示。裂缝出现后，试件

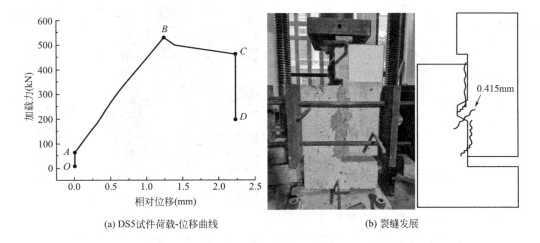

(a) DS5试件荷载-位移曲线　　(b) 裂缝发展

(c) 破坏模式

图 2.9　DS5 试件裂缝发展及破坏模式

快速实现内力重分布，达到新的力学平衡，试件仍能承载，曲线 CD 段进入强化段，并出现最大加载力为 314.1kN。在后续加载过程中没有出现新裂缝，但初始裂缝宽度增大，逐渐形成一条接近 45°的主裂缝，裂缝发展如图 2.10（d）、（e）所示。试件破坏时，凸键试件沿主裂缝形成两个脱离体，而钢榫键和凹键试件未出现损伤和裂缝，如图 2.10（f）所示。

在整个加载过程中，水平预压力的变化与结构刚度直接相关。加载初期，水平预压力维持在 90kN。初始裂缝出现时，水平预压力瞬间增大至 97.6kN，随后几乎呈线性增加，如图 2.10（g）所示。反观竖向加载力在试件出现最大承载力后则较为稳定，曲线 DE 段呈现水平发展。结合试件破坏特征，分析其主要原因是试件出现主裂缝后在水平预压力作用下试件仍能维持一个平衡体系，力学简图如图 2.10（h）所示。

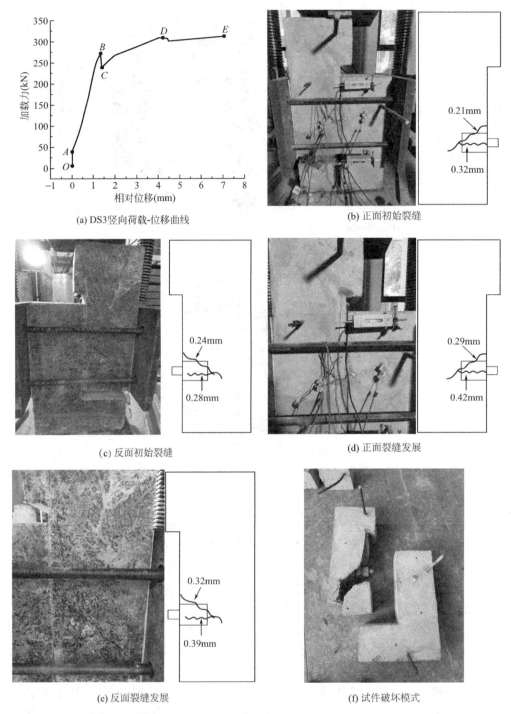

图 2.10 DS3 钢榫键接缝力学性能（一）

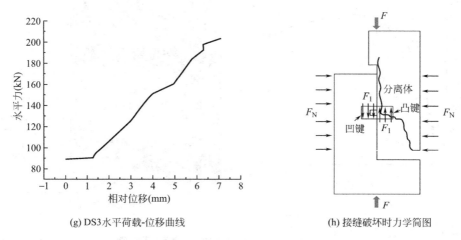

(g) DS3水平荷载-位移曲线　　(h) 接缝破坏时力学简图

图 2.10　DS3 钢榫键接缝力学性能（二）

2.3.3.2　DS7 试件力学性能

通过试验加载及数据整理，获得 DS7 试件荷载-位移曲线，如图 2.11（a）所示。加载初期试件刚度大，曲线呈刚性发展。加载力为 60.2kN 时，试件开始发生竖向相对位移，随后呈线弹性发展。加载力为 279.8kN 时，凸键试件同时出现两条初始裂缝，一条接近水平方向，一条接近 45°角，且在试件厚度方向均呈现为通透裂缝，裂缝发展与 DS3 试件相似，如图 2.11（b）、（c）所示。裂缝一出现，试件刚度突降，加载力出现瞬时降低。随后，试件快速地进行内力重分布，达到新的力学平衡，试件仍能继续承载，荷载-位移曲线进入强化段。在该过程中，凸键试件斜裂缝逐渐延伸至加载点，水平裂缝与斜裂缝合并形成一条接近 45°主裂缝。同时，凹键试件正面出现一条水平裂缝和一条斜裂缝，如图 2.11（d）所示。随着试件裂缝宽度和长度持续发展，试件刚度逐渐降低，试验出现峰值加载力为 300.2kN。峰值荷载出现后，试件刚度退化明显，荷载-位移曲线出现明显的下降段。试件破坏时，凸键附近混凝土大面积剥落，钢榫键本身完好，没有出现直剪破坏，如图 2.11（e）所示。裂缝出现的同时，水平预压力突然增加到 110.92kN，水平荷载-位移曲线发展趋势类似 DS3。

2.3.3.3　DS8 试件力学性能

DS8 试件荷载-位移曲线如图 2.12（a）所示，曲线 OA 段呈刚性发展。加载力为 60.1kN 时，试件出现竖向相对位移，但曲线 AB 段斜率仍然较大。在曲线 BC 段加载过程中，试件内部传出明显声响，但试件可观察部位并未发现可见裂缝，初步判断是由凹、凸键之间挤压、剪切产生，该阶段竖向加载力较曲线 AB 段增速减缓。当加载力为 222.3kN，凹、凸键试件竖向相对位移为 13.09mm 时，凸键试件正反面同时出现初始裂缝，凹键试件未发现可见裂缝，如图 2.12（b）、

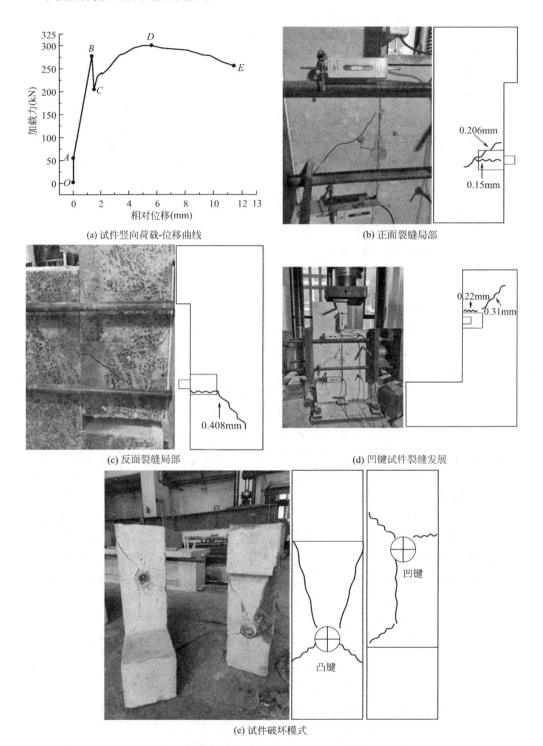

图 2.11 DS7 钢榫键接缝力学性能

(c) 所示。裂缝出现后，试件刚度退化明显，加载力逐渐降低，曲线 CD 段出现明显下降趋势，在该过程中试件表面没有新裂缝出现，初始裂缝长度和宽度没有明显变化。加载力为 129.7kN 时，试件无任何征兆，内部突然传出钢材断裂声响，钢榫键凸键沿根部发生直剪破坏，跨缝齿与锚头交界面形成光滑的剪切面，如图 2.12（d）所示。

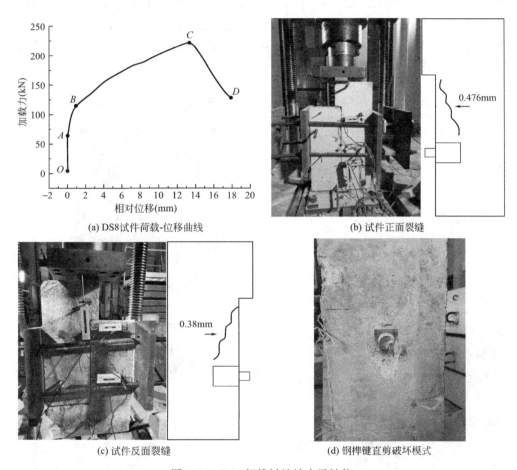

图 2.12　DS8 钢榫键接缝力学性能

2.3.3.4　DS9 试件力学性能

通过试验加载及数据整理，获得 DS9 试件荷载-位移曲线，如图 2.13（a）所示，加载初期试件刚度大，荷载-位移曲线呈刚性发展。加载力为 37.7kN 时，试件发生竖向相对位移，随后曲线呈线弹性发展（AB 段），在整个线弹性阶段，试件刚度较大，竖向加载力增大迅速，试件内部传出混凝土开裂声响，但试件表面未观察到可见裂缝。随着试件内部混凝土的开裂，试件结构刚度出现降低的趋势，竖向加载力增速（BC 段）较线弹性阶段缓慢。加载力为 400.1kN 时，荷载-位移曲线出现峰值，此时试件可观察部位仍未出现可见裂缝。继续加载，混凝土开裂声音的频率、声响大幅增强，试件刚度降低明显，荷载-位移曲线进入下降段（CD 段）。当加载力为 353kN 时，凸键试件侧面出现宽度为 0.5mm 的竖向裂缝，根据裂缝的走向初步判断裂缝发展起源于凸键锚固部位，如图 2.13（b）所示。当加载力为 342.5kN 时，凸键所在试件出现水平裂缝。水平裂缝分为两类，第一类位于钢榫键附近，仅出现一条，裂缝宽度为 0.21mm；第二类位于水平力加载板与试件接触的部位，该类裂缝较多且细小，裂缝最大宽度为 0.07mm，如图 2.13（c）所示。

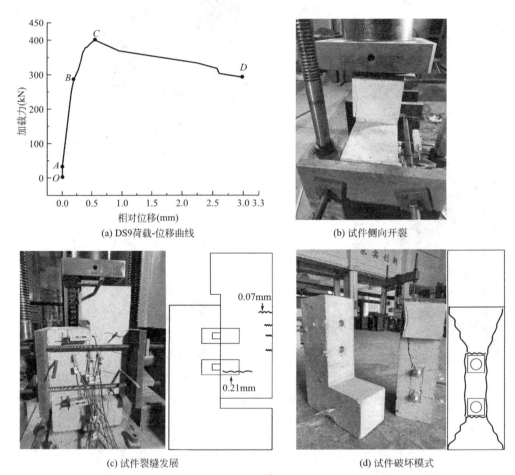

图 2.13 DS9 试件力学性能

第一类裂缝发生于凸键锚固部位，裂缝一出现宽度就超过 0.2mm。主要是由于凹凸键与所在混凝土构件接触受压来传递接缝间的剪力，凸键锚头附近由于杠杆效应而使混凝土产生脆性裂缝。第二类裂缝的出现主要是因为接缝处抗剪强度足够大，在竖向力的作用下凸键所在试件出现偏心受压，从而使试件发生弯曲变形，导致试件出现弯曲水平裂缝。由于构造钢筋垂直穿过该水平裂缝，所以该类裂缝多而细小。在荷载-位移曲线下降段明显，且试件出现弯曲裂缝的条件下，停止试验加载。依据试件破坏模式，凸键之间混凝土发生明显的劈裂裂缝，并且在凸键间相互贯穿（图2.13d），使钢榫键局部形成机构而逐渐失去握裹力，导致接缝承载力降低明显。试件破坏时，钢榫键和凹键混凝土均未出现破损和裂缝。

2.3.4　钢榫键胶接缝试验

2.3.4.1　DS6试件力学性能

荷载-位移曲线如图2.14（a）所示，加载初期试件刚度较大，试件未发生相对位移，曲线 OA 段呈刚性发展。当加载力为190.6kN时，试件开始发生竖向相对位移，随后荷载-位移曲线呈线弹性发展（AB 段）。在此阶段试件刚度大，相对位移发展缓慢，竖向加载力增加迅速，试件本身及接缝位置均未出现可见裂缝。当加载力为685.8kN时，试件沿接缝胶接面发生直剪开裂，直剪裂缝的位置出现在接缝面的混凝土砂浆层，并非环氧树脂胶自身开裂，裂缝宽度大于0.2mm，如图2.14（b）、（c）所示。试件开裂后，刚度降低明显，竖向加载力骤降，如曲线 BC 段。直剪裂缝出现的同时，水平预压力突然增加到110.92kN，水平荷载-位移曲线发展趋势类似DS3。直剪裂缝出现后，试件快速实现内力重分布，达到新的力学平衡，仍能继续承载。但试件刚度退化明显，竖向加载力不再提高，试件没有新裂缝出现，初始裂缝宽度增大，荷载-位移曲线进入水平段（DE 段）。加载力为556.8kN，凸键试件在钢榫键附近出现水平裂缝，此时接缝面间直剪裂缝宽度增大至2.01mm，裂缝发展如图2.14（d）、（e）所示。凸键试件混凝土出现部分脱落，为保护加载设备和采集仪器，停止加载。凹键试件和凸键试件沿接缝面完全脱离，接缝面一侧试件砂浆层完全剥离到另一侧试件，接缝面粗骨料暴露在外，清晰可见。凹键和凸键并未出现变形和破损，如图2.14（f）所示。

2.3.4.2　DS10试件力学性能

加载初期试件刚度大，荷载-位移曲线 OA 段呈刚性发展，如图2.15（a）所示。加载力为200.1kN时，试件出现竖向相对位移，随后曲线呈线弹性发展（AB 段），该阶段试件本身及接缝位置均未出现可见裂缝。加载力为678.9kN时，试件沿接缝胶接面出现直剪裂缝，裂缝位置发生在接缝面的混凝土砂浆层，并非环氧树脂胶自身开裂，如图2.15（b）、（c）所示。直剪裂缝出现的同时，水平预压力突然增加到114.34kN，水平荷载-位移曲线发展趋势类似DS3。裂缝出

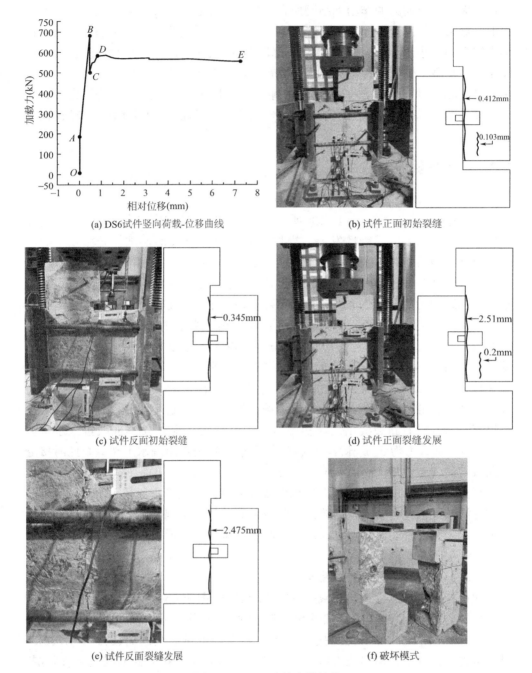

图 2.14 DS6 试件力学性能

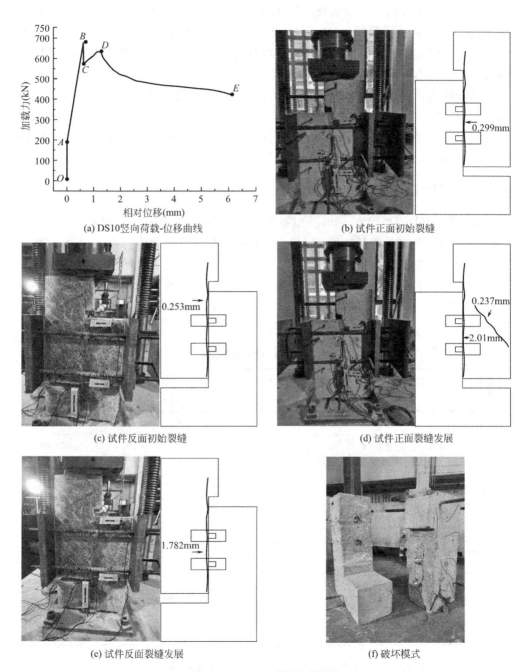

图 2.15 DS10 试件力学性能

现后,加载力突然降低,如曲线 BC 段。随后试件快速实现内力重分布,达到新的力学平衡,试件仍能继续承载,但试件刚度退化明显,竖向加载力不再提高,荷载-位移曲线进入下降段(DE 段)。该阶段试件没有新裂缝出现,初始裂缝宽度增大,长度方向逐渐向加载点延伸。加载力为 495.2kN,凸键试件在水平力加载板附近出现弯剪斜裂缝。裂缝发展如图 2.15(d)、(e)所示。凸键试件混凝土出现部分脱落,为保护加载设备和采集仪器,停止加载。凹键和凸键试件沿接缝面完全脱离,接缝胶几乎完好,接缝面一侧试件砂浆层完全剥离到另一侧试件,接缝面粗骨料暴露在外,清晰可见。凸键、凹键和凹键所在的混凝土试件均未出现裂缝及破损,如图 2.15(f)所示。

2.3.5 试验总结

基于对 DS1～DS10 试件试验过程的分析,将试验结果总结如表 2.6 所示。DS1～DS10 试件初始裂缝宽度均大于 0.2mm,将开裂荷载作为钢榫键接缝的极限承载力。在加载全过程中,各试件水平预压力的变化与试件刚度直接相关。在试件开裂前,水平预压力基本维持不变;试件开裂后,水平预压力随竖向加载力的增大而增大。同时,钢榫键胶接缝刚度足够大,但试件一开裂便出现最大加载力。

DS1～DS10 试件试验结果 表 2.6

试件编号	钢榫键型号	接缝类型	榫键数量	开裂荷载(kN)	最大加载力(kN)	初始裂缝宽度(mm)	破坏模式
DS1	无	干接缝	0	—	56.7	—	剪切滑移
DS2	CK	干接缝	1	174.8	181.6	0.291	直剪破坏
DS3	SSK1	干接缝	1	271.2	314.1	0.320	弯剪破坏
DS4	无	胶接缝	0	479.5	479.5	—	直剪破坏
DS5	CK	胶接缝	1	529.5	529.5	0.415	直剪破坏
DS6	SSK1	胶接缝	1	685.8	685.8	0.412	直剪破坏
DS7	SSK2	干接缝	1	279.8	300.2	0.408	弯剪破坏
DS8	SSK3	干接缝	1	222.3	222.3	0.476	直剪破坏
DS9	SSK1	干接缝	2	—	400.1	未观测到	弯剪破坏
DS10	SSK1	胶接缝	2	678.9	678.9	0.299	直剪破坏

DS1 试件出现剪切滑移,DS2、DS4、DS5 试件出现直剪破坏,试件沿凸键根部出现剪切面。

DS3、DS7、DS9 试件混凝土破坏早于钢榫键。破坏过程可以分为四个阶段,

A：弹性阶段；B：内力重分布阶段；C：强化阶段；D：持荷至破坏阶段。钢榫键接缝初始刚度大，荷载-位移曲线初期呈线弹性发展。随着初始裂缝的出现，试件快速实现内力重分布，达到一个新的受力平衡，随后曲线进入强化段。最后，试件混凝土破坏，而钢榫键未出现损坏。试件破坏属于混凝土发生弯剪破坏。

DS8 试件钢榫键出现直剪破坏，且钢榫键发生直剪破坏早于试件混凝土出现初始裂缝。

DS6、DS10 试件沿着接缝面出现直剪开裂，裂缝一出现，长度、宽度均较大。随着直剪裂缝的出现，试件的刚度、剪切强度降低明显。钢榫键在整个加载过程中未出现损坏，破坏模式均为接缝发生直剪破坏。

2.4 钢榫键接缝力学性能参数分析

2.4.1 几何效应对钢榫键接缝力学性能的影响

钢榫键接缝利用榫键和混凝土的接触受压来传递接缝间的剪力，锚头截面形式是影响接缝力学性能的因素之一。试验基于圆形锚头和方形锚头截面形式对钢榫键接缝力学性能开展了试验对比研究。为便于钢榫键加工，在确保 SSK1 锚头边长和 SSK2 锚头直径取整的前提下将锚头截面进行近似等面积设计，SSK1、SSK2 锚头截面面积分别为 $3600mm^2$、$3846.5mm^2$。

试验结果如图 2.16、表 2.7 所示，DS3、DS7 试件荷载-位移曲线发展趋势相似，DS3 试件开裂荷载为 272.8kN，DS7 试件开裂荷载为 279.8kN。由于 DS3、DS7 试件开裂时，裂缝宽度均大于 0.2mm，依据《公路钢筋混凝土及预应力混凝土桥涵设计规范》JTG 3362—2018[117] 将开裂荷载作为钢榫键接缝的极限承载力。相比平面干接缝，DS3、DS7 试件极限承载能力分别提高 3.81、3.93 倍；DS3 试件最大加载力为 314.1kN，DS7 试件最大加载力为 300.2kN。可见 DS3 与 DS7 试件的开裂荷载和最大加载力相比，偏差均小于 5%。试件开裂后，DS3 试件承载力降低 15.15%，DS7 试件承载力降低 35.40%，DS3 试件开裂后承载力优于 DS7 试件。同时，开裂瞬间 DS3 试件间产生的剪切滑移增量明显小于 DS7 试件。

如图 2.17 所示，DS3 与 DS7 试件水平预压力-位移曲线发展相近，试件开裂瞬间接缝预压力分别增大 8.44%、23.24%（表 2.8），开裂后 DS3 试件水平预压力相比 DS7 试件更稳定。相比 DS3 试件裂缝仅出现在凸键附近，DS7 凹、凸键试件均出现裂缝，且凹键混凝土出现劈裂裂缝。

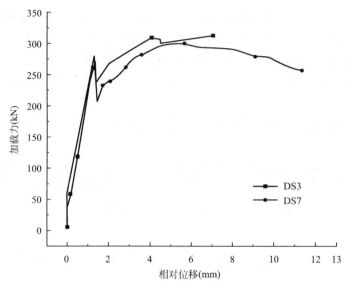

图 2.16　几何形式对接缝力学性能的影响

DS3、DS7 力学效应　　　　　　　　表 2.7

试件	开裂荷载 N_{cr1}(kN)	开裂后荷载 N_{cr2}(kN)	$\left\|\dfrac{N_{cr2}-N_{cr1}}{N_{cr1}}\right\|$(%)	最大加载力 N_{ul}(kN)	开裂前剪切滑移 S_{be}(mm)	开裂后剪切滑移 S_{af}(mm)	$S_{af}-S_{be}$(mm)
DS1	—	—	—	56.7	—	—	—
DS3	272.8	236.9	13.16	314.1	1.35	1.38	0.03
DS7	279.8	206.6	26.16	300.2	1.31	1.45	0.14

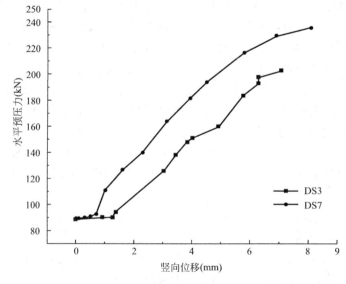

图 2.17　DS3 与 DS7 水平预压力-位移曲线

DS3、DS7 试件水平预压力增量　　　　　　表 2.8

试件	初始预压力 P_{in}(kN)	开裂预压力 P_{cr}(kN)	$\dfrac{P_{cr}-P_{in}}{P_{in}}$(%)
DS3	90	97.6	8.44
DS7	90	110.92	23.24

2.4.2 钢榫键数量对接缝力学性能的影响

2.4.2.1 钢榫键干接缝

对于干接缝，双榫键接缝刚度明显大于单榫键接缝，如图 2.18 所示。但双榫键试件加载力峰值出现后其结构刚度迅速降低，荷载-位移曲线出现明显下降段。单榫键试件破坏时试件出现分离体，但结构依然能依靠钢榫键与混凝土的接触受压来传递接缝间的剪力，试件内部构成一个平衡体系（如图 2.10h 所示），加载力不降低的情况下试件仍能继续承受较大的相对位移，荷载-位移曲线呈现较长的水平段。双榫键试件破坏时钢榫键凸键之间混凝土形成贯穿裂缝（如图 2.13d 所示），并且与试件压屈斜裂缝贯通，形成一个机构，使钢榫键失去握裹力，荷载-位移曲线出现明显下降段。单榫键和多榫键试件开裂时，裂缝宽度均大于 0.2mm，则将开裂荷载作为钢榫键干接缝的极限承载力。如表 2.9 所示，单榫键接缝极限承载能力为 272.8kN，双榫键接缝极限承载能力为 400.1kN，相比平面干接缝承载能力分别提高 3.81 倍和 6.06 倍；双榫键干接缝相比单榫键干

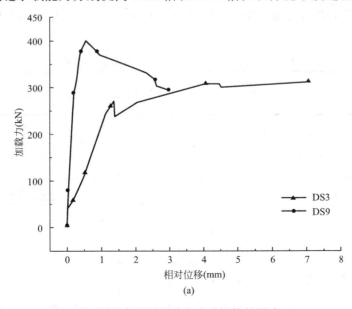

(a)

图 2.18　榫键数量对干接缝力学性能的影响（一）

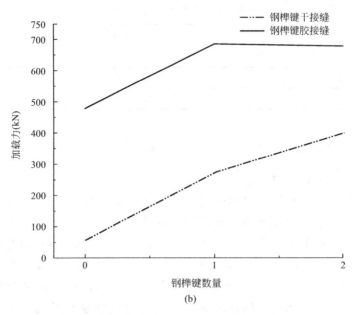

图 2.18 榫键数量对干接缝力学性能的影响（二）

接缝极限承载能力提高 46.66%。可见钢榫键干接缝承载能力并非与榫键数量呈线性变化，主要原因是：通过破坏现象判断，榫键之间的布置间距是影响多榫键接缝承载能力的重要因素；由于凸键和凹键存在 0.2mm 的容差，即钢榫键的位置偏差（多个榫键是否同时受力）也将影响多榫键干接缝的力学性能；接缝面间的制造误差导致接缝高度范围内剪应力分布不均匀，或在侧压作用下出现局部压应力集中。

DS1、DS3、DS4、DS6、DS9、DS10 力学效应　　　　　　　　　　表 2.9

试件类型\试验结果	干接缝极限承载力(kN)		胶接缝极限承载力(kN)		胶接缝对比干接缝	
平缝	$DS1/N_{DS1}$	56.7	$DS4/N_{DS4}$	479.5	—	—
单键	$DS3/N_{DS3}$	272.8	$DS6/N_{DS6}$	685.8	$\dfrac{N_{DS6}-N_{DS3}}{N_{DS3}}(\%)$	151.39
双键	$DS9/N_{DS9}$	400.1	$DS10/N_{DS10}$	678.9	$\dfrac{N_{DS10}-N_{DS9}}{N_{DS9}}(\%)$	69.68
单键对比平缝	$\dfrac{N_{DS3}-N_{DS1}}{N_{DS1}}(\%)$	381.12	$\dfrac{N_{DS6}-N_{DS4}}{N_{DS4}}(\%)$	43.02	—	—
双键对比平缝	$\dfrac{N_{DS9}-N_{DS1}}{N_{DS1}}(\%)$	605.64	$\dfrac{N_{DS10}-N_{DS4}}{N_{DS4}}(\%)$	41.58	—	—

2.4.2.2 钢榫键胶接缝

对于胶接缝，由于钢榫键的抗力贡献，钢榫键胶接缝（DS6、DS10）刚度和强度明显大于胶接平缝（DS4）。单榫键、双榫键胶接缝相比胶接平缝极限承载能力分别提高43.02%、41.58%，如图2.19、表2.9所示。单榫键胶接缝和双榫键胶接缝荷载-位移曲线发展相似。加载初期，单榫键胶接缝和双榫键胶接缝荷载-位移曲线发展基本一致，试件刚度大，相对位移发展缓慢，竖向加载力增长迅速。随着加载力峰值的出现，单榫键和双榫键接缝试件均沿着接缝位置出现直剪破坏。试件开裂后，结构刚度瞬间降低，加载力迅速下降，裂缝开裂宽度大于0.2mm，属于脆性破坏。单榫键胶接缝最大加载力为685.8kN，双榫键胶接缝最大加载力为678.9kN，两者极限承载力几乎一致，可见榫键数量不影响钢榫键胶接缝的极限承载能力。试件开裂后，接缝位置环氧胶抗力完全失效，随后试件的受荷状态类似于干接缝受荷状态。

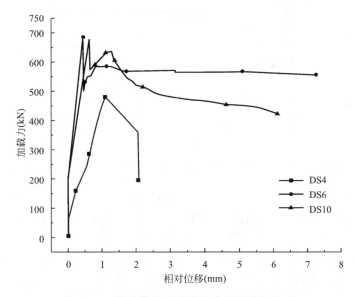

图2.19 榫键数量对胶接缝力学性能的影响

2.4.3 接缝类型对接缝力学性能的影响

钢榫键干接缝（DS3、DS9）与钢榫键胶接缝（DS6、DS10）试件荷载-位移曲线发展存在较大的差别，如图2.20所示，加载初期胶接缝试件刚度明显大于干接缝试件，胶接缝试件相对位移发展缓慢，加载力增长迅速。当取试件开裂时的荷载为极限承载力时，DS3极限承载力为272.8kN，DS9极限承载力为400.1kN，DS6极限承载力为685.8kN，DS10极限承载力为678.9kN，如表2.9

所示。单榫键胶接缝相比单榫键干接缝极限承载力提高151.39%，双榫键胶接缝相比双榫键干接缝极限承载力提高69.68%。可见钢榫键胶接缝极限承载能力明显高于钢榫键干接缝极限承载能力，其主要原因在于环氧胶剪切抗力贡献明显大于干接缝间摩擦抗力贡献；环氧胶使接缝面平整贴合，接缝面剪应力分布更加均匀；环氧胶弥补了接缝间的制造误差，降低了接缝面局部压应力和应力集中的出现。

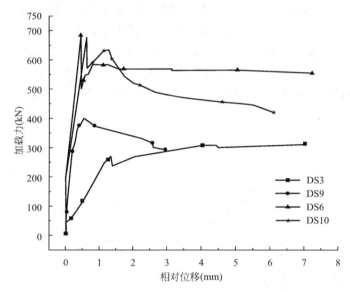

图2.20 接缝类型对钢榫键接缝力学性能的影响

钢榫键胶接缝一旦出现开裂，裂缝宽度均大于0.2mm，裂缝长度、宽度较大；结构的强度、刚度、承载能力下降明显；结构呈现明显的脆性破坏。胶接缝试件开裂后，加载力突然大幅降低，荷载-位移曲线出现明显拐点，但试件经过快速的内力重新分布，仍能继续承载。钢榫键干接缝试件首次出现裂缝时，裂缝宽度大于0.2mm，同样属于脆性破坏，但裂缝发展方向并非沿着接缝出现直剪破坏，而是试件出现弯剪裂缝。

试验结束，拆下加载装置对试件进行观察，钢榫键胶接缝发生直剪破坏，凹键和凸键所在试件沿接缝面完全脱离，直剪破坏面发生在接缝面砂浆层，环氧树脂胶并未出现开裂或破坏。钢榫键干接缝试件在加载过程中，凸键附近混凝土出现明显的弯剪裂缝。另外，由于杠杆效应，凸键附近混凝土的开裂、破损程度明显高于凹键附近混凝土。

2.4.4 钢榫键尺寸对接缝力学性能的影响

SSK1跨缝齿直径为40mm，SSK3跨缝齿直径为25mm，DS3和DS8试件荷载-位移曲线对比如图 2.21 所示。随着钢榫键跨缝齿直径的增大，DS3 接缝承载能力明显大于 DS8，且两个试件出现了完全不同的破坏模式。DS3 试件混凝土出现弯剪斜裂缝，试件破坏时沿着裂缝出现分离体，钢榫键凸键和凹键并未出现破损；DS8 试件钢榫键沿着跨缝齿根部出现直剪破坏。

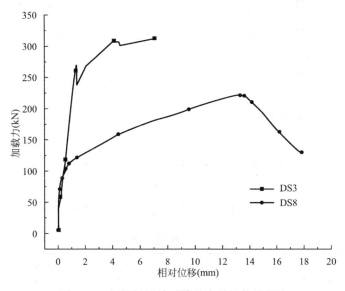

图 2.21 钢榫键尺寸对接缝力学性能的影响

2.5 钢榫键与混凝土键剪切性能

2.5.1 干接缝

两种剪力键干接缝荷载-位移曲线对比如图 2.22 所示。混凝土齿键、钢榫键干接缝极限承载力分别为 181.6kN、271.2kN，相比平面干接缝极限承载能力分别提高 2.20 倍、3.81 倍。钢榫键干接缝相比混凝土齿键干接缝承载力提高 72.96%。钢榫键接缝极限承载力出现后，凹键与凸键依靠水平预压力仍然保持相互咬合作用，试件仍能继续承载，荷载-位移曲线出现较长水平段，残余承载力与极限承载力比值大。

如表 2.10 所示，混凝土齿键接缝开裂荷载为 174.8kN，极限荷载为 181.6kN，开裂荷载与极限荷载比值为 96.3%，开裂瞬间水平预压力提高 33.3%。钢榫键接缝开裂荷载为 271.2kN，极限荷载为 314.1kN，开裂荷载与极限荷载比值为 86.3%，试件开裂瞬间水平预压力提高 8.4%。

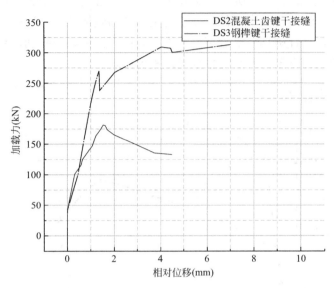

图 2.22 剪力键形式对干接缝力学性能影响

各剪力键干接缝力学性能 表 2.10

试件编号	开裂荷载 V_{cr}(kN)	极限荷载 V_u(kN)	$\dfrac{V_{cr}}{V_u}$(%)	初始预压力 P_{in}(kN)	开裂预压力 P_{cr}(kN)	$\dfrac{P_{cr}-P_{in}}{P_{in}}$(%)
DS1	—	56.7	—	90	—	—
DS2	174.8	181.6	96.3	90	120.0	33.3
DS3	271.2	314.1	86.3	90	97.6	8.4

混凝土齿键接缝发生直剪破坏，试件出现突然的剪切错动位移，裂缝发展及破坏模式如图 2.23（a）、（b）所示。钢榫键接缝破坏模式如图 2.23（c）、（d）所示，凸键附近同时出现两条初始裂缝，一条裂缝方向接近水平，一条裂缝方向接近 45°，且在试件厚度方向通透。裂缝一出现，试件刚度突降，加载力出现瞬时降低。继续加载，没有新裂缝出现，裂缝宽度和长度明显发展。水平裂缝逐渐与斜裂缝形成一条接近 45°的主裂缝，且逐渐向加载点方向发展，但并未穿过接缝面。试件破坏时，凸键试件沿主裂缝形成了上下两个完全脱离的分离体，而凹键混凝土未出现裂缝和损坏，同时钢榫键也未出现损坏。

如表 2.11 所示，混凝土齿键干接缝直剪破坏后，接缝间出现较大剪切错动位移。因为钢榫键剪切刚度足够大，试件开裂瞬间钢榫键干接缝剪切错动位移明显小于混凝土齿键干接缝。

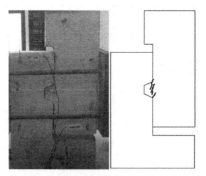
(a) 混凝土齿键接缝裂缝发展

(b) 混凝土齿键接缝破坏模式

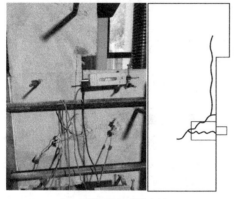
(c) 钢榫键接缝裂缝发展

(d) 钢榫键接缝破坏模式

图 2.23　干接缝裂缝发展及破坏模式

开裂瞬间接缝错动位移　　　　　　　　　　表 2.11

剪切错动位移(mm) \ 接缝类型	干接缝		胶接缝	
	混凝土齿键	钢榫键	混凝土齿键	钢榫键
开裂前	1.63	1.35	1.24	0.44
开裂后	3.73	1.38	2.23	0.46
Δ	2.10	0.03	0.99	0.02

2.5.2　胶接缝

各剪力键胶接缝荷载-位移曲线如图 2.24 所示。混凝土齿键、钢榫键胶接缝极限承载力分别为 529.5kN、685.8kN，相比平面胶接缝极限承载能力提高 10.42%、43.02%。钢榫键胶接缝相比混凝土齿键胶接缝承载力提高 29.52%。钢榫键、混凝土齿键接缝均出现直剪破坏。

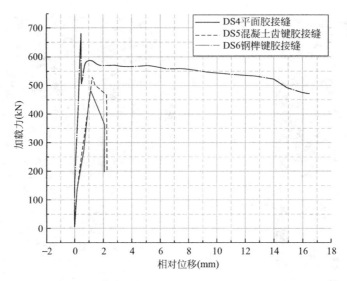

图 2.24　剪力键形式对胶接缝力学性能影响

如表 2.12 所示，混凝土齿键胶接缝裂缝出现时加载力为 529.5kN，开裂瞬间伴随着清脆的破坏声响，同时水平预压力提高 84.99%。钢榫键胶接缝加载初期试件刚度大，加载力为 685.8kN 时，试件沿接缝面发生直剪开裂，裂缝出现在接缝面的混凝土砂浆层，并非环氧树脂胶自身开裂，裂缝出现时宽度大于 0.2mm，直剪裂缝出现的同时，试件水平预压力增加 23.24%。

各剪力键胶接缝力学性能　　　　　　　　　　　　　表 2.12

试件编号	开裂荷载 V_{cr}(kN)	极限荷载 V_u(kN)	$\dfrac{V_{cr}}{V_u}$(%)	初始预压力 P_{in}(kN)	开裂预压力 P_{cr}(kN)	$\dfrac{P_{cr}-P_{in}}{P_{in}}$(%)
DS4	479.5	479.5	100	90	166.80	85.33
DS5	529.5	529.5	100	90	166.49	84.99
DS6	685.8	685.8	100	90	110.92	23.24

如图 2.25 所示，钢榫键和混凝土齿键胶接缝均出现直剪破坏，与混凝土齿键胶接缝不同的是钢榫键胶接缝直剪裂缝出现后，试件快速实现内力重分布，达到新的力学平衡，仍能继续承载。但试件刚度退化明显，竖向加载力不再提高，试件没有新裂缝出现，初始裂缝宽度增大，荷载-位移曲线进入水平段。试件破坏时，凹键试件和凸键试件沿接缝面完全脱离，接缝面一侧试件砂浆层完全剥离到另一侧试件，接缝面清晰可见粗骨料暴露在外，凹键和凸键并未出现变形和破损。如表 2.11 所示，混凝土齿键胶接缝直剪破坏后，接缝间出现较大剪切错动位移。因为钢榫键剪切刚度足够大，试件开裂瞬间钢榫键胶接缝剪切错动位移明

显小于混凝土齿键胶接缝。

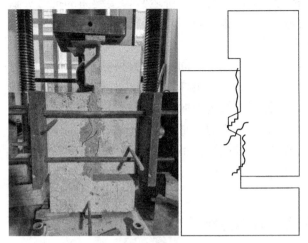
(a) 混凝土齿键接缝裂缝发展

(b) 混凝土齿键接缝破坏模式

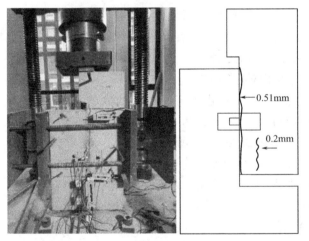
(c) 钢榫键接缝裂缝发展

(d) 钢榫键接缝破坏模式

图 2.25 胶接缝试件裂缝发展及破坏模式

2.6 各工况钢榫键接缝力学性能

2.6.1 各工况钢榫键接缝受力特性

成桥后由于纵向预应力筋的张拉使接缝间存在预压力，接缝间传力是依靠钢榫键凸键与凹键之间的相互作用和接缝之间由于预压力使接缝产生的摩擦力。然而，在施工拼装阶段纵向预应力筋尚未张拉，接缝间的传力仅仅依靠凸键和凹键的机械咬合作用。那么，钢榫键接缝从节段拼装到成桥运营，接缝局部抗力贡献将发生转变，主要区别在于纵向预应力筋的张拉与否，且预压力使接缝的力学行为在施工阶段和成桥阶段存在明显差异。

另外，钢榫键接缝是由钢与混凝土两种完全不同属性的材料组合而成，其材料特性、材料强度、破坏模式明显不同。那么，钢榫键接缝由材料决定的极限破坏与结构非线性极限承载力将决定接缝不同的抗力取值。因此，为便于结构设计取值，确保钢榫键接缝在施工阶段和成桥阶段的正常工作，研究得到钢榫键接缝在不同工况条件下的力学行为，获得钢榫键接缝在不同工况条件下指导设计施工的控制因素，研究得到不同工况条件下的破坏模式并确定相应状态条件下的最大承载力是十分必要的。

2.6.2 钢榫键接缝施工阶段力学性能分析

2.6.2.1 钢榫键接缝短期荷载受力状态

预制节段结构常用的施工方法包括预制节段挂篮悬臂拼装施工、上行式桁架预制节段悬臂拼装施工、预制节段梁地面拼装整孔架设施工等。钢榫键接缝施工阶段的受力情况以预制节段挂篮悬臂拼装施工为例，以说明预制节段结构在施工过程中钢榫键受力状态的变化情况及相对应的力学行为。

根据悬臂施工过程，钢榫键接缝在施工过程中将经历3种状态，状态1：位置确定节段与待拼节段钢榫键初步对接，如图2.26（a）所示；状态2：位置确定节段与待拼节段钢榫键半对接，如图2.26（b）所示；状态3：位置确定节段与待拼节段钢榫键全对接，如图2.26（c）所示。考虑到钢榫键凹键承插槽和凸键跨缝齿均为圆形截面，在拼装过程中凹键承插槽和凸键跨缝齿的接触点存在随机性，为便于计算选择跨缝齿的上缘作为受荷区域。针对钢榫键在前述三种状态条件下的力学简化如图2.26（d）所示。

2.6.2.2 有限元模型

施工阶段钢榫键接缝力学性能采用ABAQUS实体有限元分析软件进行非线性计算分析。该部分将对计算过程中采用的理论计算模型、本构关系、参数取值及建模方法进行介绍。

（1）混凝土塑性损伤模型

有限元分析考虑材料非线性，其中材料非线性采用ABAQUS提供的混凝土塑性损伤模型（CDP模型）[118,119]，CDP模型是在Lubliner[120]和Lee[121]模型的基础上建立的，如图2.27所示。本书取$w_c=1$，$w_t=0$。

CDP模型假定混凝土材料主要因为拉伸开裂和压缩破碎而破坏。屈服或破坏面的演化由两个硬化变量$\tilde{\varepsilon}_t^{pl}$和$\tilde{\varepsilon}_c^{pl}$控制，$\tilde{\varepsilon}_t^{pl}$和$\tilde{\varepsilon}_c^{pl}$分别表示拉伸和压缩等效塑性

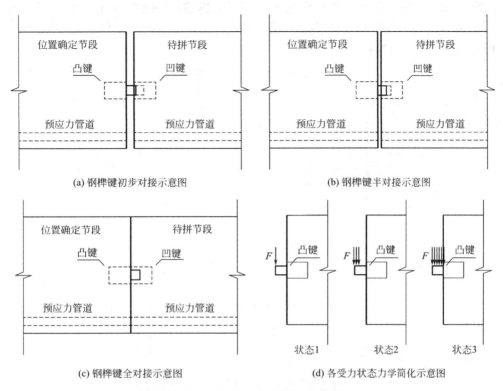

图 2.26 钢榫键施工过程受力状态

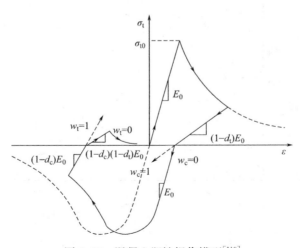

图 2.27 混凝土塑性损伤模型[118]

应变。混凝土材料由于损伤引起刚度退化在宏观上主要表现在拉压屈服强度不同,拉伸屈服后混凝土材料表现为软化,压缩屈服后混凝土材料先硬化后软化,

CDP 模型中拉伸和压缩采用不同的损伤因子来描述这种刚度退化。图 2.28、图 2.29 分别为混凝土单轴受拉损伤和受压损伤行为,可用式(2.4)、式(2.5)来描述混凝土的变形特征。

$$\sigma_t = (1-d_t)E_0(\varepsilon_t - \tilde{\varepsilon}_t^{pl}) \tag{2.4}$$

$$\sigma_c = (1-d_c)E_0(\varepsilon_c - \tilde{\varepsilon}_c^{pl}) \tag{2.5}$$

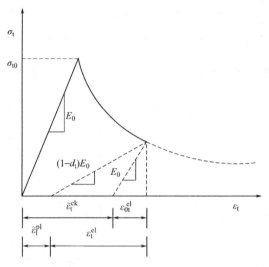

图 2.28 混凝土塑性损伤模型受拉-应力应变关系[122]

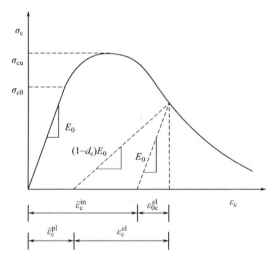

图 2.29 混凝土塑性损伤模型受压-应力应变关系[122]

同样由图 2.28、图 2.29 可得塑性应变 $\tilde{\varepsilon}_t^{pl}$ 和开裂应变 $\tilde{\varepsilon}_t^{ck}$ 关系,等效塑性应变 $\tilde{\varepsilon}_c^{pl}$ 和非弹性应变 $\tilde{\varepsilon}_c^{in}$ 的关系,如式(2.6)、式(2.7)所示:

$$\tilde{\varepsilon}_t^{pl} = \tilde{\varepsilon}_t^{ck} - \frac{d_t}{(1-d_t)}\frac{\sigma_t}{E_0} \tag{2.6}$$

$$\tilde{\varepsilon}_c^{pl} = \tilde{\varepsilon}_c^{in} - \frac{d_c}{(1-d_c)}\frac{\sigma_c}{E_0} \tag{2.7}$$

式中，E_0 为材料初始无损伤弹性模量（MPa）；$\tilde{\varepsilon}_t^{pl}$ 为塑性应变；$\tilde{\varepsilon}_t^{ck}$ 为开裂应变；$\tilde{\varepsilon}_c^{pl}$ 为等效塑性应变；$\tilde{\varepsilon}_c^{in}$ 为非弹性应变；d_t 为受拉损伤因子；d_c 为受压损伤因子；σ_t 为受拉应力（MPa）；σ_c 为受压应力（MPa）。

(2) 本构关系

本构关系依据现行国家标准《混凝土结构设计标准》GB/T 50010[122] 提供的应力应变关系来确定 CDP 模型中受拉时 σ_t-$\tilde{\varepsilon}_t^{ck}$ 关系和受压时 σ_c-$\tilde{\varepsilon}_c^{in}$ 关系。考虑到 CDP 模型采用的是等向强化模型，线弹性阶段的无损伤弹性模量 E_0，非弹性阶段的应力应变关系采用规范推荐的关系。

受拉时：

$$\sigma = (1-d_t)E_0\varepsilon \tag{2.8}$$

$$d_t = \begin{cases} 1 - \rho_t[1.2 - 0.2x^5] & x \leqslant 1 \\ 1 - \dfrac{\rho_t}{\alpha_t(x-1)^{1.7} + x} & x > 1 \end{cases} \tag{2.9}$$

$$x = \frac{\varepsilon}{\varepsilon_t} \tag{2.10}$$

$$\rho_t = \frac{f_t^*}{E_c\varepsilon_t} \tag{2.11}$$

式中，α_t 为混凝土单轴受拉应力-应变曲线下降段的参数值；f_t^* 为混凝土的单轴抗拉强度，其值可根据实际结构分析需要分别取 f_t、f_{tk} 或 f_{tm}；ε_t 为与单轴抗拉强度 f_t^* 相应的混凝土峰值拉应变；d_t 为混凝土单轴受拉损伤演化参数。α_t、ε_t 的取值参照现行国家标准《混凝土结构设计标准》GB/T 50010[122] 中表 C.2.2。

受压时：

$$\sigma = (1-d_c)E_c\varepsilon \tag{2.12}$$

$$d_c = \begin{cases} 1 - \dfrac{\rho_c n}{n-1+x^n} & x \leqslant 1 \\ 1 - \dfrac{\rho_c}{\alpha_c(x-1)^2 + x} & x > 1 \end{cases} \tag{2.13}$$

$$\rho_c = \frac{f_c^*}{E_c\varepsilon_c} \tag{2.14}$$

$$x = \frac{\varepsilon}{\varepsilon_c} \tag{2.15}$$

$$n = \frac{E_c \varepsilon_c}{E_c \varepsilon_c - f_c^*} \quad (2.16)$$

式中，α_c 为混凝土单轴受压应力-应变曲线下降段的参数值；f_c^* 为混凝土的单轴抗压强度，其值可根据实际结构分析需要分别取 f_c、f_{ck} 或 f_{cm}；ε_c 为与单轴抗压强度 f_c^* 相应的混凝土峰值压应变；d_c 为混凝土单轴受压损伤演化参数。α_c、ε_c 的取值参照现行国家标准《混凝土结构设计标准》GB/T 50010[122] 中表 C.2.3。

最后根据式（2.17）、式（2.18），将计算得到的名义应力和名义应变分别转换成真实应力和真应变，也就是 CDP 模型中需要输入的 σ_t-$\tilde{\varepsilon}_t^{ck}$ 关系和 σ_c-$\tilde{\varepsilon}_c^{in}$ 关系。

$$\varepsilon = \ln(1 + \varepsilon_{nom}) \quad (2.17)$$

$$\sigma = \sigma_{nom}(1 + \varepsilon_{nom}) \quad (2.18)$$

（3）CDP 模型中的损伤因子

由于混凝土的受拉受压性能差别较大，损伤因子 d 的计算按受拉受压两种情况分别计算，并在 CDP 模型中指定 d_t-$\tilde{\varepsilon}_t^{ck}$ 和 d_c-$\tilde{\varepsilon}_c^{in}$ 关系。由图 2.28 知：

$$\tilde{\varepsilon}_t^{ck} = \varepsilon_t - \frac{\sigma_t}{E_0} \quad (2.19)$$

将式（2.19）代入式（2.6），反算得到：

$$d_t = \frac{(1 - \eta_t)\tilde{\varepsilon}_t^{ck} E_0}{\sigma_t + (1 - \eta_t)\tilde{\varepsilon}_t^{ck} E_0} \quad (2.20)$$

同理得到：

$$d_c = \frac{(1 - \eta_c)\tilde{\varepsilon}_c^{in} E_0}{\sigma_c + (1 - \eta_c)\tilde{\varepsilon}_c^{in} E_0} \quad (2.21)$$

η_t 为塑性应变与开裂应变的比值，取 $0.5 \sim 0.95$；η_c 为塑性应变与非弹性应变的比值，取 $0.35 \sim 0.7$。

（4）混凝土塑性参数定义

综上所述，将受拉损伤数据以 σ_t-$\tilde{\varepsilon}_t^{ck}$、$d_t$-$\tilde{\varepsilon}_t^{ck}$ 的形式，将受压损伤数据以 σ_c-$\tilde{\varepsilon}_c^{in}$、$d_c$-$\tilde{\varepsilon}_c^{in}$ 的形式输入到 ABAQUS。本章计算时混凝土塑性参数取值如表 2.13 所示。

塑性参数值　　　　表 2.13

膨胀角(°)	偏心率	单轴与双轴抗压强度比值	K 系数	黏性参数
38	0.1	1.16	2/3	0.005

（5）模型设计

计算模型中混凝土构件厚度设置为 200mm，高度取 450mm，长度取 250mm，混凝土采用 C50 普通混凝土，钢榫键采用图 2.1（a）所示构造，模型详细几何尺寸如图 2.30 所示。

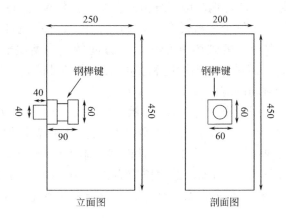

图 2.30　施工阶段钢榫键接缝模型几何尺寸（单位：mm）

在有限元建模过程中，钢榫键与混凝土构件通过建立绑定约束以确定两者之间的接触关系。为确保计算的准确性兼顾计算的时间成本，网格划分时对钢榫键及附近混凝土的网格尺寸进行细化处理。模型中钢榫键及混凝土均采用收敛性较好的六面体八节点线性减缩积分实体单元（C3D8R）来模拟，共 12852 个单元。结合结构实际施工过程中的受力情况，模型一侧采用固端约束，约束固端面所有单元平动位移与转动位移。模型采用位移加载，以图 2.26（d）3 种受力状态中最不利的状态 1 作为模型加载位置，对凸键跨缝齿悬臂端施加负 Y 方向位移 5mm，坐标系如图 2.31 所示。有限元模型如图 2.31 所示。

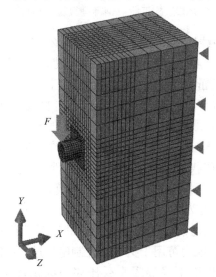

图 2.31　施工阶段钢榫键受力状态有限元模型

2.6.2.3 非线性全过程分析

根据构件的受力特征,钢榫键跨缝齿悬臂受拉,钢榫键凸键锚头与其下缘混凝土相互接触受压。在整个加载过程中,钢榫键的破坏由钢榫键凸键跨缝齿 X 方向应力所决定,混凝土的破坏由混凝土 Y 方向的应力所决定,应力方向如图 2.31 所示。因此,加载过程中钢榫键和混凝土的力学性能,分别用钢榫键 X 方向应力和混凝土 Y 方向的应力表示。

有限元计算结果用荷载-位移曲线表示,如图 2.32 所示。OA 段为弹性段,当加载力为 59974.5N 时,由于加载点处于应力集中状态,加载点局部出现屈服,并在 AB 段出现短暂屈服平台,此时钢榫键附近混凝土未出现拉、压屈服,混凝土最大压应力为 22.09MPa,最大拉应力为 1.268MPa。加载至荷载-位移曲线 C 点处时,加载力为 85128.4N,钢榫键下缘局部混凝土由于应力集中首次出现受压屈服。

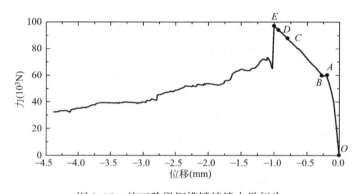

图 2.32 施工阶段钢榫键接缝力学行为

加载至荷载-位移曲线 D 点处时,加载力为 92007.6N,钢榫键上缘根部应力首次大于 Q235 标准抗拉强度值而出现屈服,但加载力还可以继续增大。此时,跨缝齿应力已超过材料屈服值进入屈服阶段,且跨缝齿沿 Y 方向已发生小于 1mm 的竖向位移,随着荷载的继续增加,跨缝齿将发生非弹性位移。跨缝齿非弹性位移的出现将会导致凸键跨缝齿与凹键承插槽之间产生错位,影响接缝的匹配拼装,尤其是在多齿键接缝中。为避免跨缝齿在临时受荷时出现非弹性位移,将跨缝齿受拉屈服时的荷载作为短期受荷状态条件下的控制荷载,将跨缝齿受拉屈服作为短期受荷状态条件下的弹性极限破坏模式,即钢榫键根部弹性受拉破坏,且对应最大承载能力为 92007.6N,钢榫键跨缝齿受拉屈服应力云图如图 2.33 所示。那么,可以认为钢榫键跨缝齿受拉屈服时的荷载为短期受荷状态条件下的极限承载力,该承载能力可用于指导、控制施工过程可能存在的临时荷载。

随着继续加载,钢榫键下缘混凝土受压屈服面积逐步扩展,加载至荷载-位移曲线 E 点处时,达到钢榫键接缝极限承载能力,此时最大加载力为

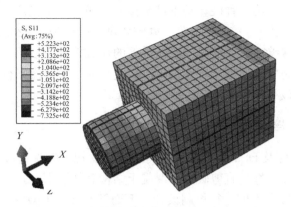

图 2.33 钢榫键跨缝齿受拉屈服应力云图

97226.5N，由于混凝土呈脆性，随后加载力突然降低。极限承载能力出现时，钢榫键下缘大部分混凝土压应力已超出混凝土抗压强度，出现压溃而丧失承载能力，此时钢榫键根部最大拉应力为249MPa。那么，可以认为该状态为钢榫键接缝在短期受荷状态条件下的非线性破坏模式，即钢榫键根部受拉屈服，钢榫键下缘混凝土大部分受压屈服，其对应的非线性极限承载能力为97226.5N，混凝土和钢榫键非线性极限状态条件下应力云图如图2.34所示。

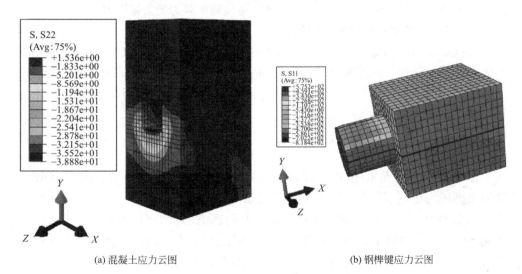

(a) 混凝土应力云图　　　　　　　　(b) 钢榫键应力云图

图 2.34 极限承载能力阶段试件应力云图

依据上述对钢榫键接缝在短期受荷状态条件下最不利荷载的研究分析，钢榫键接缝在施工阶段存在两种破坏模式，分别用变形（正常使用极限状态）和承载能力（承载能力极限状态）进行控制。第一种破坏是由于凸键跨缝齿在临时荷载作用下可能产生非弹性弯曲变形导致拼装困难，为便于计算可由钢榫键抗拉屈服强度进行控制设计;第二种破坏是钢榫键接缝非线性极限强度。在本算例中,第一种破坏对应荷载为92007.6N;第二种破坏对应荷载为97226.5N。

针对钢榫键接缝在短期受荷状态条件下的荷载控制应以第一种破坏模式和承载能力对设计和施工进行指导,即钢榫键接缝短期受荷状态条件下以钢榫键出现非弹性变形控制设计荷载。

2.6.3 钢榫键接缝成桥阶段力学性能分析

依据 DS8 试件及 DS3 试件的破坏模式可以发现,钢榫键接缝在成桥后直剪受力过程可能存在钢榫键直剪破坏和混凝土结构破坏。那么,针对同一尺寸的钢榫键接缝应由其抗力小值进行控制设计。下面针对 SSK1 型剪力键在成桥后的两种破坏形式及对应极限承载力的取值分别进行讨论分析。

2.6.3.1 直剪承载力理论计算

成桥后钢榫键处于直剪受力状态,假设 SSK1 型剪力键凸键中的跨缝齿根部发生直剪破坏,则接缝的极限承载能力可以按剪切实用公式 $F=\tau \cdot A$ 计算得到。根据现行《公路钢结构桥梁设计规范》JTG D64—2015[116] 中 Q235 钢材的抗剪强度设计值 $[\tau]$ 为100MPa,钢榫键跨缝齿截面面积 A 为 1256mm^2,可以计算得到成桥状态由钢榫键自身材料抗剪强度所决定的接缝最大承载能力为125600N。因此,钢榫键材料和跨缝齿直径均是影响钢榫键接缝承载力的关键因素。

2.6.3.2 成桥阶段接缝直剪试验

依据2.3节试验结果,SSK1 型剪力键接缝开裂荷载为271200N,试件开裂后承载力突然降低。虽然试件快速实现内力重分布,仍能继续承载,且最大加载力为314100N,但试件初始裂缝宽度大于0.2mm,因此取开裂荷载271200N为试件破坏承载力。

2.6.4 各工况钢榫键抗力取值依据

依据 DS3 试件荷载-位移曲线,试件开裂时最大加载力为271200N。同时,读取水平压力传感器数据,获得钢榫键接缝开裂时的水平预压力为97600N。依据 DS1 试件获得的摩擦系数,计算得到摩擦面提供的抗力为61488N。通过计算得到 SSK1 型剪力键抗力净值为209712N。因此,依据试验结果及有限元计算获得各工况 SSK1 型钢榫键接缝最大承载力,如表2.14所示。

各工况条件下钢榫键接缝最大承载力　　　表2.14

钢榫键类型	锚头尺寸(mm)	施工阶段(N)		成桥阶段(N)	
		钢榫键非弹性变形控制极限承载力	试件破坏控制极限承载力	钢榫键直剪破坏控制极限承载力	试件破坏控制极限承载力
SSK1	90×60×60	92007.6	97226.5	125600	209712

2.7　本章小结

（1）钢榫键接缝在侧限力的作用下依靠钢榫键和混凝土的接触受压来传递接缝间的剪力，接缝开裂后试件依然能由钢榫键间的机械咬合提供抗力。当荷载-位移曲线进入水平段后，仍能承受较大的相对变形，且保持承载力不降低。相比混凝土齿键接缝，钢榫键接缝具有更高的受剪承载力和良好的延性。

（2）试件开裂后钢榫键接缝结构体系稳定。相比混凝土齿键接缝，钢榫键接缝开裂瞬间水平压应力幅明显偏小，预应力体系受力相对更加稳定，且试件开裂后，在预压力作用下，凹凸键仍处于咬合状态，开裂瞬间钢榫键接缝剪切错动位移明显小于传统混凝土齿键接缝。

（3）试件开裂前，方形和圆形钢榫键接缝力学性能相似，且两者的开裂荷载和极限承载力相近。但试件开裂后，方形榫键试件承载力优于圆形榫键试件，且水平预压体系较圆形榫键试件更加稳定。

（4）钢榫键胶接缝的刚度和承载能力较干接缝均有较大提高。胶、干接缝试件初始裂缝宽度均大于 0.2mm，均属于脆性破坏，开裂荷载即为极限承载力。胶接缝试件开裂后，环氧胶抗力完全失效，试件的受荷状态类似其干接缝。钢榫键数量对干接缝的刚度和承载能力呈正影响，但对胶接缝的刚度和承载能力影响较小。

（5）施工阶段应由钢榫键跨缝齿的变形对临时荷载进行控制设计，成桥阶段应由钢榫键材料剪切强度对接缝直剪强度进行控制设计。钢榫键接缝直剪抗力可按剪切实用公式计算，钢榫键材料和跨缝齿直径均是影响钢榫键接缝承载力的关键因素。

（6）基于试验研究和数值分析，获得了钢榫键接缝分别在施工阶段和成桥阶段不同控制条件下接缝的极限承载能力，如表 2.14 所示。钢榫键在产品设计时可按表 2.14 给出不同型号钢榫键的力学参数，设计人员可依据该参数对钢榫键接缝进行抗力设计。

第3章 钢榫键接缝抗剪机理及设计理论

第2章基于试验研究、数值模拟对钢榫键接缝的力学性能进行了多维度研究。本章将结合前述研究成果，以钢榫键接缝的抗剪机理为切入点，通过建立理论模型，揭示钢榫键接缝的传力机制及破坏模式，并推导获得钢榫键接缝的计算方法。另外，本章对钢榫键接缝的设计与施工方法也做了详细介绍，形成了一整套适用且与现行规范相协调的设计理论。

3.1 钢榫键接缝传力机制

钢榫键接缝加载方案如图 3.1（a）所示，对其受力状态进行简化获得如图 3.1（b）所示力学简图。为进一步研究钢榫键接缝在受力过程中钢榫键与混凝土间的传力机制及破坏模式，将试件进行拆分并对脱离体进行受力分析。

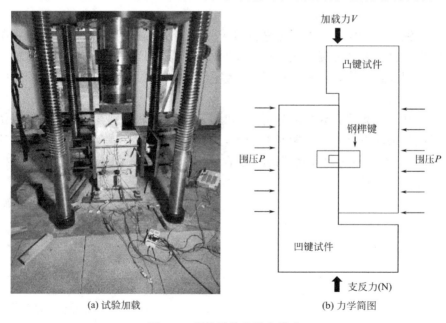

(a) 试验加载　　　　　　　　(b) 力学简图

图 3.1 钢榫键接缝受力模式

钢榫键接缝依靠榫键锚头和混凝土试件间的接触受压来传递接缝间的剪力。而锚头集中力作用面的截面面积远小于试件支承面的截面面积，这将导致试件支承面混凝土处于局部受压状态。同时如图 3.2 所示，凸键除了存在局部受压外，还存在杠杆效应。因此，脱离体选择凸键试件为研究对象进行力学分析。混凝土试件力学简图如图 3.2（a）、（b）所示，凸键力学简图如图 3.2（c）所示。

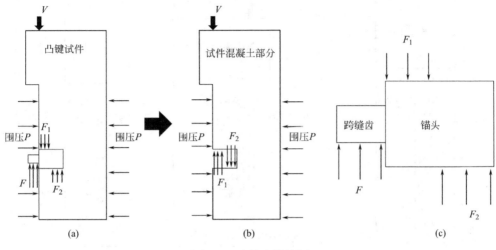

图 3.2　试件力学简图

欧洲混凝土 CEB-FIP MC90 规范中提出局部受压模型如图 3.3 所示。局部压应力作用于柱体中心，竖向压应力 σ_z 沿柱的中心轴线自上而下逐渐减小；水平应力 $\sigma_x = \sigma_y$ 在上端为压应力，往下逐渐转为拉应力，且在 $0.4h$ 处出现应力曲线反弯点，再往下趋近于零。该模型中柱体在所受应力状态下，试件可能发生端部胀裂、端面压碎、劈裂破坏共三种破坏形式。

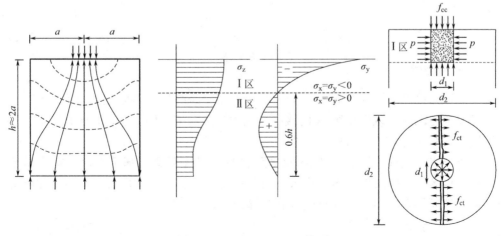

图 3.3　CEB-FIP MC90 模型

基于CEB-FIP MC90模型，结合钢榫键在试件中的传力路径，按照弹性理论分析可以得到钢榫键试件主应力迹线，如图3.4（a）所示。依据模型中Ⅰ、Ⅱ区混凝土的应力状态，将榫键锚头附近区域混凝土应力场分为压区和拉-压区，且细分为压区A、拉-压区A和压区B、拉-压区B，如图3.4（b）所示。

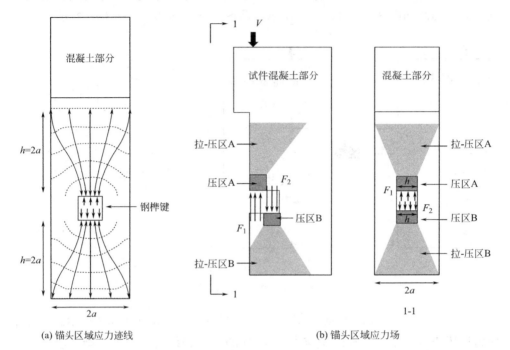

(a) 锚头区域应力迹线　　　　　　　(b) 锚头区域应力场

图3.4　试件脱离体力学行为

依据杠杆原理，并结合图3.5，近似认为凸键动力臂、阻力臂及支点长度相等。因此由图3.2、图3.4（b），根据简单的力学平衡可以得到：

$$F = V \tag{3.1}$$

$$F_2 \approx F \tag{3.2}$$

$$F_1 \approx F + F_2 \tag{3.3}$$

$$F_1 \approx 2V \tag{3.4}$$

式中，V为钢榫键接缝的剪力（N）；F为作用于跨缝齿的接触反力（N）；F_1为凸键锚头与混凝土试件压区A的接触作用力（N）；F_2为凸键锚头与混凝土试件压区B的接触作用力（N）。

下面将以试件压区、拉-压区及榫键自身为研究对象，基于理论分析和试验结果对该区域裂缝发展、破坏模式、极限强度等力学行为进行研究分析，并针对不同的破坏形态提出强度计算公式和验算公式。

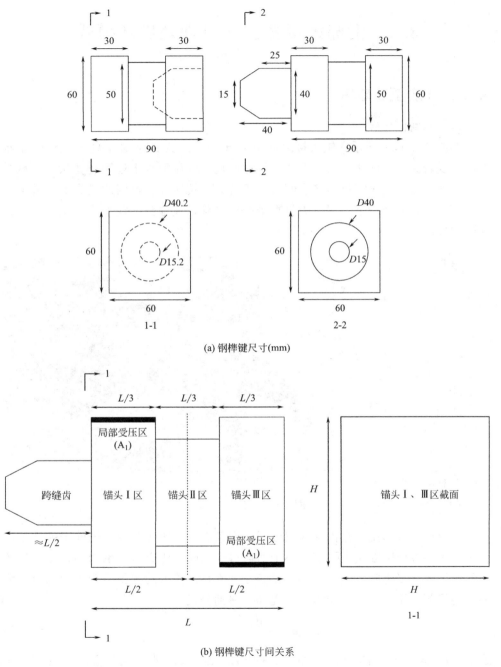

(a) 钢榫键尺寸(mm)

(b) 钢榫键尺寸间关系

图 3.5 钢榫键尺寸示意图

3.2 钢榫键接缝抗剪机理及破坏模式

3.2.1 局部受压破坏

（1）接触面压碎

如图 3.6（a）所示，锚头接触面下局部受压区 A 的混凝土处于三轴受压状态，承受较大的三向压应力。而锚头周边非局部受压混凝土处于受剪状态，承受较大的剪应力。钢榫键抗压强度明显高于混凝土抗压强度，因此锚头下混凝土在压剪应力的共同作用下，混凝土骨料被挤压碾碎，使锚头出现下陷现象，试验破坏模式如图 3.6（b）、（c）所示。

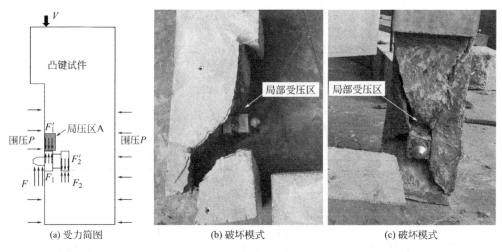

(a) 受力简图　　　　(b) 破坏模式　　　　(c) 破坏模式

图 3.6　试验破坏模式

为保证钢榫键接缝在正常使用极限状态条件下，压区混凝土仍处于弹性工作状态，应验算压区混凝土强度。集中力通过局部面积传递至支承构件，在直接传力面积下的混凝土应力高，变形大，必受到不直接传力的四周混凝土的约束，混凝土的局部抗压强度有不同程度的提高。得到公式：

$$\sigma_{co} = \frac{F_1}{A_1} < \beta f_{cd} \quad (3.5)$$

式中，F_1 为压区 A 混凝土产生的接触压力（N）；A_1 为锚头与混凝土局部受压区接触面积（mm²）；σ_{co} 为压区 A 混凝土产生的压应力（MPa）；f_{cd} 为混凝土抗压强度设计值（MPa）；β 为混凝土局部抗压强度的提高系数。

从公式（3.5）中可见压区混凝土的强度验算与接触受压面积（A_1）紧密相

关。如图 3.5（b）所示，榫键设计时将锚头等分为Ⅰ～Ⅲ区三个部分，为保守计算可以近似认为压区 A 中的锚头长度为 $L/3$，得到公式：

$$\sigma_{co} = \frac{2V}{H \cdot (L/3)} = 6\frac{V}{H \cdot L} < \beta \cdot f_{cd} \qquad (3.6)$$

式中，V 为钢榫键接缝间剪力（N）；H 为钢榫键锚头宽度（mm）；L 为钢榫键锚头长度（mm）。

(2) 接触面端部胀裂

与锚头接触的混凝土为三轴受压的应力状态。在局部受压端面，局部受压处混凝土横向膨胀的趋势受到周围非局部受压混凝土的限制，局部受压周围的混凝土受到横向拉应力，按此拉应力达到混凝土的抗拉强度 f_t 可能导致出现垂直于作用面的横向胀裂裂缝，如图 3.7（a）所示。这类破坏由锚头周围混凝土沿周边的水平拉应力控制，是锚头接触面下混凝土往外膨胀挤压的结果，试验破坏模式如图 3.7（b）、(c) 所示。

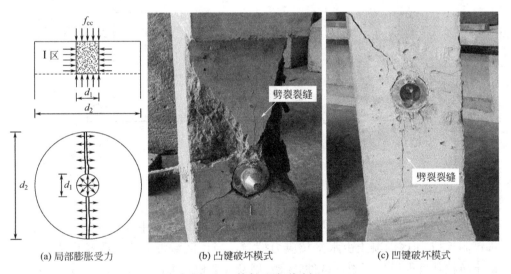

(a) 局部膨胀受力　　(b) 凸键破坏模式　　(c) 凹键破坏模式

图 3.7　接触面胀裂破坏

为避免试件在正常使用极限状态条件下，锚头附近出现胀裂裂缝，保证试件处于弹性阶段，应对该区域应力进行验算。依据现行欧洲混凝土规范 CEB-FIP MC90 模型，可以得到以下等式：

$$pd_1 = f_{ct}(d_2 - d_1) \quad d_2 > d_1 \qquad (3.7)$$

$$p = \frac{f_{cc}}{10} \cdot \frac{d_2 - d_1}{d_1} \qquad (3.8)$$

由三轴受压效应，得到：

$$f_{cc}^* \approx f_{cc} + 5p = f_{cc} + 0.5 f_{cc}(d_2 - d_1)/d_1 \qquad (3.9)$$

由 $d_2 \approx (2 \sim 4)d_1$，得到：

$$f_{cc}^* \approx 0.7 f_{cc} \sqrt{A_2/A_1} \quad (3.10)$$

考虑尺寸效应，基于混凝土抗压强度乘以系数 1.3，得到

$$f_{cc}^* \approx f_{cc} \sqrt{A_2/A_1} \quad (3.11)$$

依据规范要求得：

$$f_{cc}^* \approx f_{cc} \sqrt{A_2/A_1} \leqslant 4 f_{cc} \quad (3.12)$$

即为了避免锚头下混凝土出现劈裂裂缝，应确保：

$$A_2/A_1 \leqslant 16 \quad (3.13)$$

式中，A_1 为锚头与混凝土的接触面（加载面）面积（mm²），A_1 依据图 3.5（b）计算结果为 $HL/3$；A_2 为应力分布有效面积（mm²）。钢榫键与混凝土试件靠边接触，属于局部偏心受压，在确定 A_2 时依据蔡绍怀提供的模型进行计算，如图 3.8 所示。

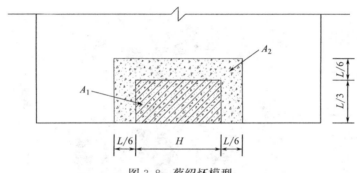

图 3.8 蔡绍怀模型

（3）劈裂破坏

如图 3.3、图 3.4（b）所示，在局部压力作用下模型中 II 区应力 $\sigma_x = \sigma_y > 0$，榫键附近拉-压区混凝土由水平拉应力控制，当该区域混凝土所受拉应力超过混凝土抗拉强度即发生开裂，试件裂缝发展及破坏模式如图 3.9（a）、（b）所示。

为避免试件在正常使用阶段钢榫键附近拉-压区混凝土出现开裂，确保该区域混凝土处于弹性状态，应对该区域混凝土的抗拉强度进行验算。图 3.3 中应力迹线可近似地认为由两条圆弧组成，得到力学简化模型，如图 3.10 所示。

依据图 3.10 可以得到等式：

$$F_t = (V/2) \tan\theta = \frac{(V/2)(b_2/4 - b_1/4)}{0.4 b_2} \quad (3.14)$$

$$F_t = 0.3V(1 - b_1/b_2) \quad (3.15)$$

同时，结合图 3.3 可以得到验算公式：

$$F_t = 0.3V(1 - b_1/b_2) < 0.6 b_2 h_1 f_{td} \quad (3.16)$$

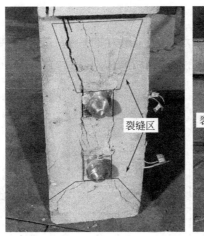 

(a) 破坏模式1　　　　　　　　(b) 破坏模式2

图 3.9　试件脱离体力学行为

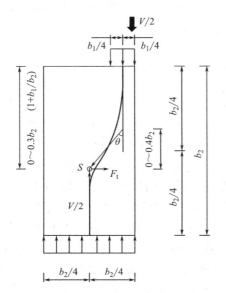 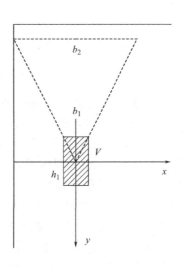

图 3.10　力学简化模型

式中，F_t 为计算拉应力（MPa）；f_{td} 为混凝土抗拉强度设计值（MPa）；V 为接缝间剪力（N）；$0.6b_2$ 为应力场内拉应力高度，与图 3.3 中 h 对应；结合图 3.3、图 3.4、图 3.5(b) 可以得到 $b_1=H$，$h_1=L/3$，$b_2=2a$，分别代入公式（3.16）得到：

$$F_t = 0.3V(1-H/2a) < \frac{3.6a}{L}f_{td} \tag{3.17}$$

3.2.2 剪切破坏

凸键脱离体受力如图3.11（a）所示。在作用力F、F_1、F_2的共同作用下，凸键跨缝齿与锚头间出现相向运动的趋势，进而发生剪切滑移，最终凸键跨缝齿沿根部发生直剪破坏，如图3.11（b）所示。

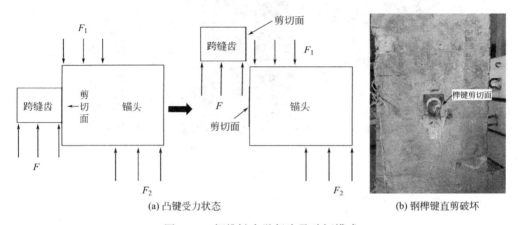

图3.11 钢榫键力学行为及破坏模式

基于图3.11中所示钢榫键力学行为及破坏模式，得到公式：

$$\tau_{sk}=\frac{V}{n \cdot A} < f_{vd} \qquad (3.18)$$

式中，τ_{sk}为钢榫键跨缝齿截面应力（MPa）；n为接缝面钢榫键的数量（$n=1$，2，3…）；A为钢榫键跨缝齿截面面积（mm²）；V为节段梁接缝面在最不利工况条件下的截面剪力（N）；f_{vd}为钢榫键材料抗剪强度设计值（MPa）。

依据San Venient原理和图3.3，在局部受压构件中，离开轴力作用端面一定距离（$h \geqslant 2a$）外的柱体可视作均匀的单轴应力状态。但是，在端部$h<2a$范围内，因为两端压应力分布的差别，故产生了复杂的应力变化。当榫键间距小于试件宽度，即$S/2a<1$时，如图3.12（a）、（b）所示，S范围内的应力分布不再均匀，内部应力更集中于榫键作用面轴线周围，榫键锚头接触面产生由底面往上发展的裂缝，榫键间混凝土将产生劈裂裂缝，试验结果如图3.12（c）所示。

因此，公式（3.18）在计算多榫键接缝抗剪强度时，榫键间距应大于试件宽度$2a$（腹板宽度），即$S>2a$；若榫键布置间距小于试件宽度$2a$，应乘以分项系数α，$\alpha<1$，具体值与榫键间距有关，得到公式：

$$V=\alpha \cdot n \cdot A \cdot f_{vd} \qquad (3.19)$$

3.2.3 撕裂破坏

由于杠杆效应，锚头附近形成方向相反的作用力F_1、F_2，如图3.13（a）

第3章 钢榫键接缝抗剪机理及设计理论

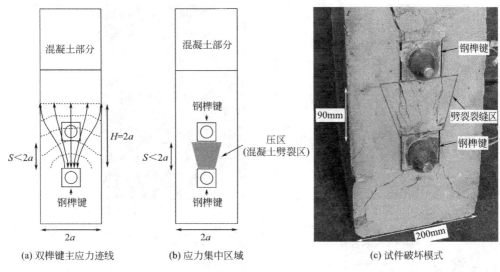

图 3.12 多榫键力学行为

所示。对 F_1、F_2 平移至与加载力 V 共线,如图 3.13(b)所示。因此,在 F_1、F_2 共同作用下,锚头附近混凝土将出现撕裂破坏,如图 3.14 所示。

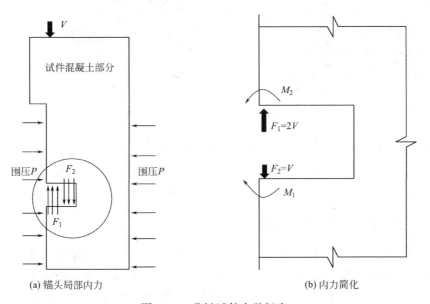

图 3.13 凸键试件力学行为

为避免试件在正常使用阶段钢榫键附近拉-压区混凝土出现开裂,确保该区域混凝土处于弹性状态,应对该区域混凝土的抗拉强度进行验算:

$$V < f_{td}L \cdot (2a-H) + f_{sd} \cdot A_s \tag{3.20}$$

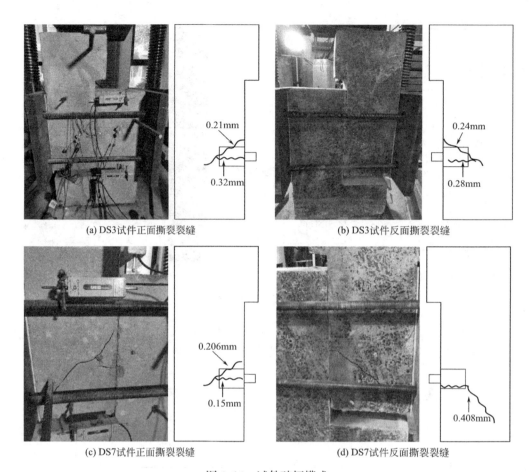

图 3.14 试件破坏模式

式中，L 为锚头的长度（mm）；H 为锚头的宽度（mm）；$2a$ 为试件的宽度（mm）；f_{td} 为混凝土抗拉强度设计值（MPa）；V 为接缝间的剪力（N）；f_{sd} 为箍筋抗拉强度设计值（MPa）；A_s 为箍筋截面面积（mm²）。

3.2.4 受剪承载力计算方法

试件在局部受压条件下可能出现劈裂破坏，应在劈裂裂缝路径设置加强筋（平行于锚头面布置），因此在公式（3.17）基础上应叠加加强筋的抗力，得到公式（3.23）。综合前述试验结果及力学分析，钢榫键发生剪切破坏时试件荷载-位移曲线发展历程长，结构呈延性破坏，接缝宜按公式（3.21）进行强度设计。但在应用该式进行强度设计时，榫键周围混凝土应力验算需满足公式（3.22）～公式（3.25）；或利用公式（3.22）～公式（3.25）对榫键周围混凝土进行局部加强筋设计：

$$V_1 = \alpha \cdot n \cdot A \cdot f_{vd} \tag{3.21}$$

$$V_1 < \frac{\beta \cdot f_{cd} \cdot H \cdot L}{6} + k\beta_{cor}\rho_v f_{sd} \frac{HL}{3} \tag{3.22}$$

$$0.3V_1(1-H/2a) < \frac{3.6a}{L}f_{td} + f'_{sd}A'_s \tag{3.23}$$

$$V_1 < f_{td}L \cdot (2a - H) + f_{sd}A_s \tag{3.24}$$

$$A_2/A_1 \leqslant 16 \tag{3.25}$$

式中，V_1 为钢榫键接缝受剪承载力（N）；H 为钢榫键锚头宽度（mm）；L 为钢榫键锚头长度（mm）；f_{cd} 为混凝土抗压强度设计值（MPa）；β 为混凝土局部抗压强度的提高系数，保守计算时可取 $\beta=1$；$2a$ 为试件的宽度（mm）；f_{td} 为混凝土抗拉强度设计值（MPa）；n 为接缝面钢榫键的数量（$n=1,2,3\cdots$）；A 为钢榫键跨缝齿截面面积（mm²）；f_{vd} 钢榫键材料抗剪强度设计值（MPa），A_1 为锚头与混凝土的接触面（加载面）面积（mm²）；A_2 为应力分布有效面积（mm²）；α 为折减系数，榫键间距应大于试件宽度 $2a$（腹板宽度），即 $S>2a$ 时，$\alpha=1$；A_s 为锚头长度范围内箍筋面积（mm²）；f_{sd} 为箍筋抗拉设计强度（MPa）；A'_s 为锚头长度范围垂直于箍筋的加强筋面积（mm²）；f'_{sd} 为加强筋抗拉设计强度（MPa）；β_{cor} 配置间接钢筋时局部受压承载力提高系数，按现行规范《公路钢筋混凝土及预应力混凝土桥涵设计规范》JTG 3362—2018[117] 5.7.2 条取值；ρ_v 为间接钢筋体积配筋率，按前述规范[117] 5.7.2 条取值和布置。

综上所述，可以得到钢榫键接缝抗力计算公式：

$$V = V_1 + V_2 \tag{3.26}$$

$$V_2 = \mu A_{sm}\sigma_n \tag{3.27}$$

式中，V_1 为钢榫键提供的抗力，按公式（3.21）进行计算（N）；V_2 为接缝间摩擦力提供的抗力[123]（N）；σ_n 为接缝间应力（MPa）；A_{sm} 为接缝面面积（mm²）。

3.3 钢榫键接缝设计方法

3.3.1 设计原则

考虑到不同受力工况条件下接缝位置荷载效应存在一定差别，且根据 2.7 节结论，钢榫键宜布置在接缝面受压区范围内，为指导接缝处钢榫键的设计，建立以下原则：

（1）遍历所有接缝断面，获得每个接缝最大弯矩及相应剪力（如荷载工况图 3.15a），最大弯矩用来计算受压区高度，使钢榫键都布置在受压区范围内，相应剪力用来确定钢榫键数量。

（2）遍历所有接缝断面，获得每个接缝最大剪力及相应弯矩（如荷载工况图 3.15b），相应弯矩用来计算受压区高度，使钢榫键都布置在受压区范围内，最大剪力用来确定钢榫键数量。

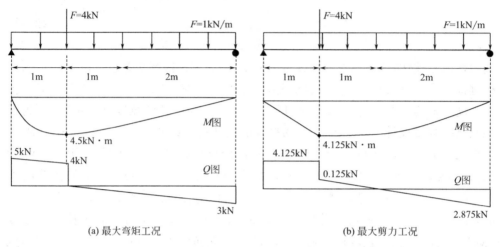

图 3.15　荷载效应不利工况

（3）钢榫键数量及布置范围取（1）、（2）状态的最不利。

（4）胶接缝受施工质量、自然环境影响较大，为保证结构安全，偏保守设计则不考虑其抗力贡献，即钢榫键接缝宜采用胶接缝，但抗力按干接缝进行计算设计。

3.3.2　接缝位置剪力计算

采用 30m T 形梁公路桥涵通用图作为钢榫键接缝实桥设计的依托工程，将主梁进行纵向 3 节段划分，节段划分长度为 9m＋12m＋9m，如图 3.16 所示。

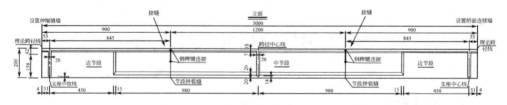

图 3.16　30m T 形梁节段划分（单位：cm）

建立 30m T 形梁空间网格模型[124-126]，如图 3.17 所示。按 3.3.1 节设计原则（3），采用影响面加载，获得承载能力极限状态条件下所有接缝中最大剪力为 775kN。接缝截面面积为 736000mm²，摩擦系数取 0.6[26]，承载能力极限状态接缝面最小压应力为 1.5MPa。依据公式（3.26）计算得到所需钢榫键抗力为 113kN。

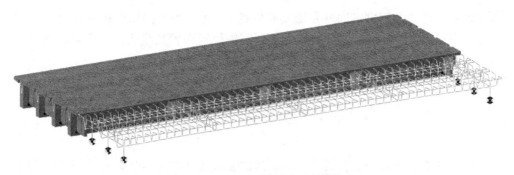

图 3.17　30m T 形梁空间网格模型

3.3.3　接缝位置钢榫键数量计算

依据 3.2.4 节结论：钢榫键接缝抗力计算采用钢榫键的材料剪切强度进行控制设计。依托工程采用 SSK1 型钢榫键，根据《公路钢结构桥梁设计规范》JTG D64—2015[116]，计算得到最不利截面钢榫键布置数量，如表 3.1 所示。

最不利截面钢榫键数量计算　　　　　　　　　　　表 3.1

牌号	剪切强度(MPa)	钢榫键数量(个)	单个钢榫键剪切抗力 F_S(kN)
Q235	100	1	125.6

3.3.4　接缝位置钢榫键布置

预制节段梁接缝面之间的匹配度决定了节段梁拼装施工的质量。在纵向预应力的作用下，钢榫键利用凸键和凹键间相互匹配对位使节段梁完成纵向拼装的过程。预制节段 T 形梁接缝面面积较大，顶板与腹板形成正交翼缘的关系，可以利用"三点一面"原理确保接缝面在横向和竖向的准确位置。因此，为满足预制节段 T 形梁拼装施工的要求，钢榫键在预制节段 T 形梁接缝面布置设计时，每个接缝面则至少需要布置 3 个钢榫键，即顶板与腹板相交两侧加腋处各设置一个，腹板位置设置一个，如图 3.18 所示。布置这 3 个钢榫键的首要目的是满足节段 T 形梁拼装施工（若存在接缝面抗力需求小于 3 个钢榫键抗

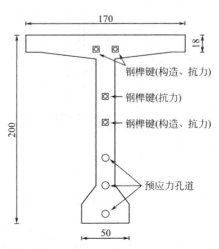

图 3.18　钢榫键布置示意图（单位：cm）

力贡献时,这3个钢榫键同样是需要布置的),其次是提供相应接缝截面的剪切抗力。当根据3.3.1节计算得到接缝面所需钢榫键布置数量大于3个后,则可在腹板截面按相应数量补充布置。

3.4 钢榫键接缝施工方法

针对预制节段混凝土桥梁施工,短线法和长线法在国内外均有广泛成熟的应用。基于现有成熟的工法,将短线法和长线法应用于钢榫键接缝施工设计。同时,结合钢榫键自身制造简单、安装方便的特征,设计出标准化程度更高的模块化施工方法。

3.4.1 短线法施工

3.4.1.1 工法设计

首先确认钢榫键在接缝模板上的安装位置,按跨缝齿和螺孔直径在其相应位置开孔,利用螺栓将凸键固定于接缝模板,如图3.19(a)所示。然后将接缝模板安装于1号节段接缝设计位置,并开展1号节段浇筑施工,如图3.19(b)所示。待1号节段混凝土达到养护龄期后,拆除螺栓,移走接缝模板。利用凸键和凹键的匹配对位安装凹键,并在2号节段接缝位置再次设置接缝模板,浇筑2号节段,如图3.19(c)所示。以此类推,完成所有节段施工。

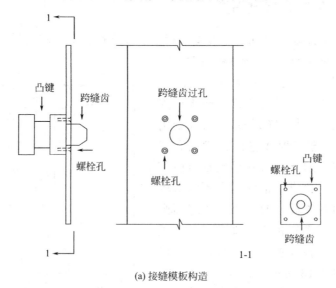

(a) 接缝模板构造

图3.19 钢榫键接缝短线法施工(一)

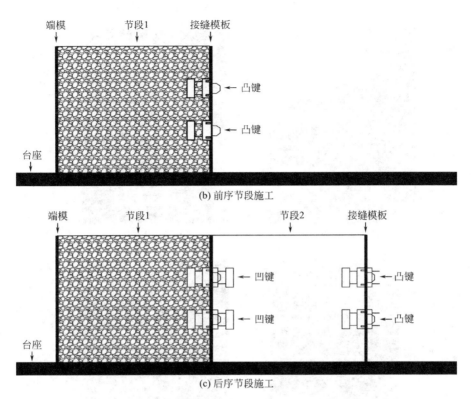

(b) 前序节段施工

(c) 后序节段施工

图 3.19　钢榫键接缝短线法施工（二）

3.4.1.2　工法试验

设计一片 3 节段 25m 足尺 T 形梁，按前述短线法进行工法试验，如图 3.20 所示。该方法将前序节段作为后续节段的端模，接缝完全匹配，节段拼装顺利，但生产周期较长。

(a) 接缝模板施工

(b) 接缝模板安装

图 3.20　短线法工法试验（一）

(c) 移除接缝模板

(d) 后续节段施工

(e) 波纹管连续

(f) 接缝模胶

(g) 接缝预压

(h) 节段梁吊装

图 3.20 短线法工法试验（二）

3.4.2 长线法施工

3.4.2.1 工法设计

首先确认钢榫键在接缝模板上的安装位置,按跨缝齿直径在其相应位置开孔,如图3.21(a)所示。利用凸键和凹键的匹配对位,同时将凹凸键安装在接缝模板,并将接缝模板安置于接缝设计位置,然后同时浇筑施工节段1~5,如图3.21(b)所示。

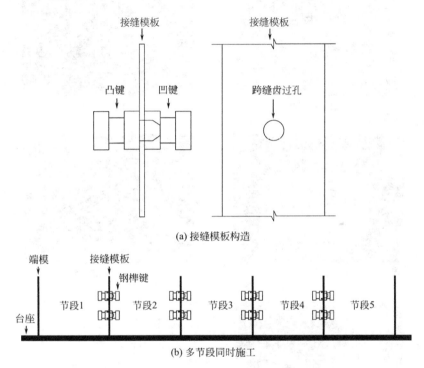

图3.21 钢榫键接缝长线法施工

3.4.2.2 工法试验

依托公路桥涵通用图30m T形梁,按1∶3缩尺,设计5节段10m T形梁进行长线法工法试验,如图3.22所示。考虑凹凸键会产生温度、混凝土收缩徐变、临时荷载导致的物理变形,对凹键与凸键设计0.2mm的拼装容差。因此,凹凸键同时安置于接缝模板后,在钢筋入模、混凝土振捣时可能导致钢榫键滑落。为解决该问题,工法试验过程中可在凸键跨缝齿上环贴厚度为0.5mm的橡胶垫作临时固定。

长线法大大缩短了生产周期,但浇筑混凝土时接缝处存在接缝模板,在接缝模板生产周转多次后平整度需要进行检测。

(a) 接缝模板安装

(b) 钢筋笼入模

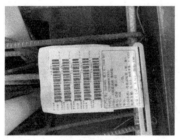
(c) 节段编号

(d) 混凝土浇筑

(e) 节段梁吊装

(f) 节段梁堆放

图 3.22 长线法工法试验（一）

(g) 接缝抹胶

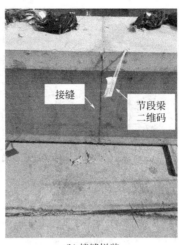
(h) 接缝拼装

(i) 节段梁整体平整度

(j) 节段梁吊装

图 3.22　长线法工法试验（二）

3.4.3　模块化法施工

将凹键和凸键分别安装于节段端模，如图 3.23（a）所示，利用节段端模的精度控制凹凸键的安装位置。将节段 A～C 置于不同的台座独立生产，如图 3.23（b）所示。该方法类似短线法，但区别在于该方法中每一个节段独立生产，不依赖前序节段作为后序节段的端模，可大大提高生产效率，特别适用于中小跨径节段 T 形梁、小箱梁的生产，但该方法中凹键和凸键的位置完全依赖于节段端模，凹凸键安装完全独立，对节段端模的精度控制要求较高。

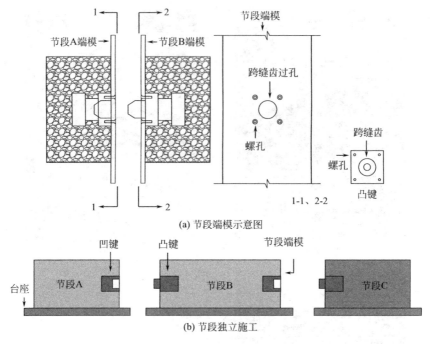

图 3.23 钢榫键接缝模块化施工

3.5 钢榫键接缝节段梁施工过程控制

本节基于课题研究中的工程 30m 节段 T 形梁,对施工过程中的接缝应力进行研究分析。依托工程将传统 30m T 形梁进行 3 节段划分,节段长度为 9m+12m+9m。部颁通用图中建议的预应力张拉顺序为:100% N_1—50% N_2—100% N_3—100% N_2。按上述步骤对节段梁进行张拉作业后,节段 T 形梁在各工况条件下接缝的应力如图 3.24 (a) ~ (d) 所示。工况 1:接缝位置上下缘应力差为 1MPa;工况 2:接缝位置上下缘应力差大于 4MPa;工况 3:接缝位置上下缘应力差大于 15MPa;工况 4:接缝位置上下缘应力差大于 20MPa,且接缝位置顶缘出现拉应力。

《公路钢筋混凝土及预应力混凝土桥涵设计规范》JTG 3362—2018[117] 要求接缝黏结胶应在不低于 0.3MPa 压应力条件下完成强度形成。若按上述张拉顺序,施工完成后节段梁接缝位置上缘势必出现开口,接缝上缘接缝胶的强度形成未能满足规范要求。因此,为满足规范要求且保证梁高范围内接缝胶厚度的均匀性,建议对节段梁进行分批张拉。首批预应力张拉使接缝位置上下缘应力大小尽量一致,且满足规范对接缝压应力的要求,例如工况1。待接缝胶养护达到设计强度后,再进行第二批张拉。利用分批张拉不仅可以使接缝胶的强度形成满足规范要求,同时还可以保证节段梁施工线形达到设计要求,避免顶缘出现开口。

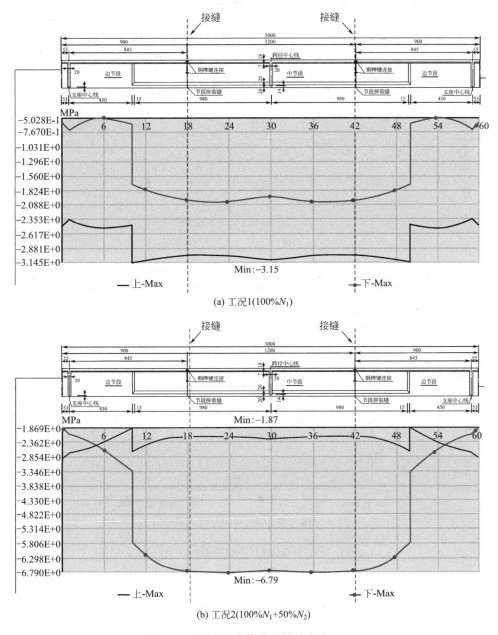

图 3.24 预应力张拉节段接缝应力(一)

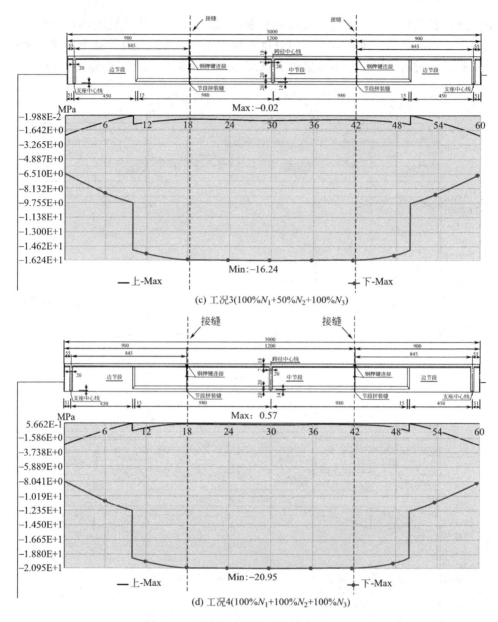

图 3.24 预应力张拉节段接缝应力（二）

3.6 本章小结

（1）结合钢榫键接缝的传力机制，构建了钢榫键接缝力学模型，并基于该模型对接缝的力学特性及破坏模式进行了研究分析。揭示了钢榫键接缝的破坏模式，包括：端部混凝土胀裂、端面混凝土压碎、混凝土劈裂破坏、混凝土撕裂破坏、钢榫键直剪破坏。

（2）钢榫键出现直剪破坏时，荷载-位移曲线发展历程较长，试件竖向相对位移发展充分，属于延性破坏。钢榫键接缝宜采用榫键剪切强度对接缝进行抗力设计，同时应对榫键附近混凝土强度进行验算。

（3）钢榫键胶接缝一旦出现开裂，则表现为沿接缝面砂浆层出现直剪裂缝，裂缝长度、宽度较大，结构的强度、刚度、承载能力下降明显。胶接缝抗力与混凝土内聚力相关，且环氧胶受施工质量和耐久性的影响较大。因此，建议钢榫键接缝设计时采用胶接缝，但不计入其抗力，接缝抗力按干接缝设计。

（4）针对多接缝主梁进行钢榫键数量和布置范围设计时宜按以下原则：①遍历所有接缝断面，获得每个接缝最大弯矩及相应剪力，最大弯矩用来计算受压区高度，使钢榫键都布置在受压区范围内，相应剪力用来确定钢榫键数量。②遍历所有接缝断面，获得每个接缝最大剪力及相应弯矩，相应弯矩用来计算受压区高度，使钢榫键都布置在受压区范围内，最大剪力用来确定钢榫键数量。③取工况①和工况②最不利。

（5）基于传统预制节段梁短线法、长线法的施工方法，结合钢榫键自身构造简单、安装方便的特征，设计了适用于钢榫键接缝施工的短线法、长线法和模块化法。并针对短线法和长线法开展了工法试验，试验验证了钢榫键接缝适用于工业化生产。

（6）节段拼装过程应对预应力钢束进行分批张拉，确保首批钢束张拉后接缝面应力满足规范要求，且接缝面应力沿梁高尽量均匀，待接缝胶达到设计强度后再进行第二批钢束张拉。

第 4 章

钢榫键接缝节段梁剪切性能研究

前面基于理论分析、数值模拟、试验研究对钢榫键接缝剪切性能进行了深入研究,充分证明了钢榫键接缝相比传统混凝土齿键接缝具有更好的刚度、承载力、延性,但仅仅是针对接缝局部直剪受力,而节段梁的弯剪力学性能同样是评价结构力学性能的重要指标[127,128]。因此,本章将以传统混凝土齿键接缝节段梁为对照组,以受剪承载力、裂缝发展、梁体变形及破坏模式为研究对象,对钢榫键接缝节段梁的弯剪力学性能开展试验对比研究,并提出钢榫键接缝节段梁受剪承载力计算方法。

4.1 试验方案

4.1.1 试验梁设计

试验梁截面尺寸、配筋及配束方式参照李国平[39,129]、赵瑜[130]、Aparicio[73]、姜海波[131] 等人试验,并结合本章试验目的、试验条件进行适当调整。

4.1.1.1 截面设计

弯剪试验梁(BS 梁)长 6m、高 0.67m。标准断面采用 T 形带马蹄截面,腹板为等厚度 0.08m,支点断面腹板宽度加宽至 0.17m,与马蹄宽度一致。本试验以 30m 5 节段(5.25+6.5×3+5.25m)T 形梁为基础,参照李国平[39] 试验,选择 $\lambda=2.66$ 对弯剪梁剪跨比进行统一设计,接缝位置及截面尺寸如图 4.1 所示。

T 形梁截面梁高 $d=670$mm,有效高度 $d=639$mm,腹板宽度 $b_w=80$mm,试验梁全长 $l=6000$mm,计算跨径 $l_0=5500$mm,接缝距最近支点中心距离为 $l_j=1500$mm,加载点距最近支点中心距离为 $l_p=1700$mm。

4.1.1.2 配筋设计

试验梁下缘纵向主筋采用 4 根直径为 10mm 的 HRB400 钢筋,上翼缘纵向主筋采用 4 根直径为 8mm 的 HRB400 钢筋,纵向主筋配筋率为 0.701%。箍筋采用直径为 6mm 的 HRB400 双肢箍,接缝侧剪跨区内箍筋布置间距为 100mm,配箍率为 0.807%。为防止加载点、支点发生局部破坏,且避免非接缝侧剪跨区

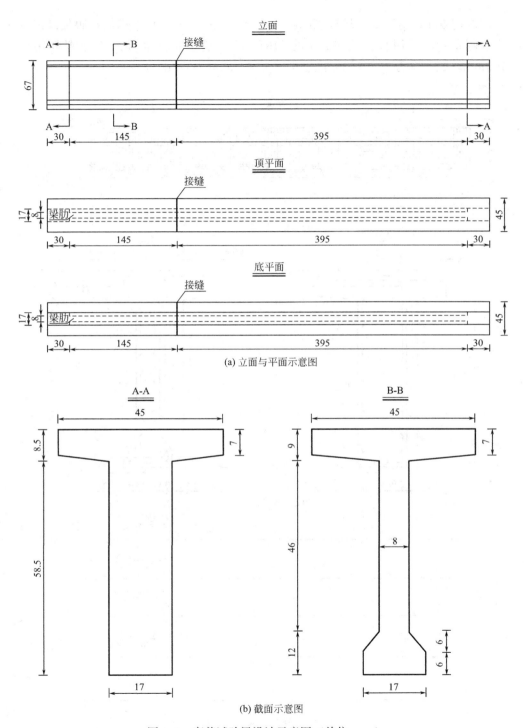

图 4.1 弯剪试验梁设计示意图（单位：cm）

出现剪切破坏,对以上区域箍筋间距加密至 50mm。腹板水平钢筋在腹板高范围内双侧布置,采用直径为 6mm 的 HRB400 钢筋,在截面高度上布置间距为 100mm,配筋率为 0.807%。配筋形式如图 4.2(a)~(d)所示。

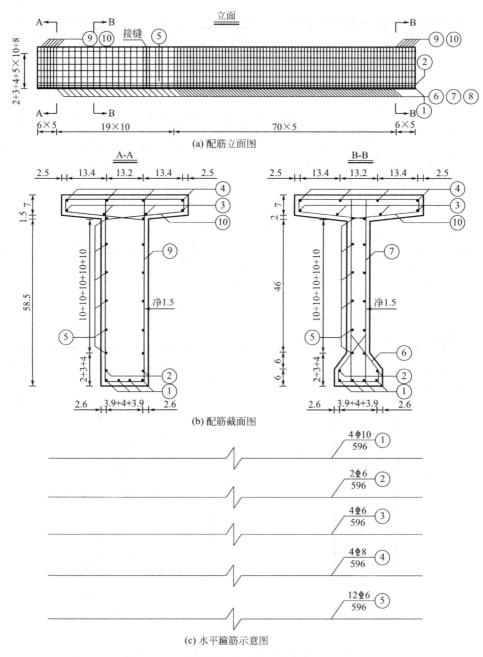

图 4.2 试验梁配筋示意图(单位:cm)(一)

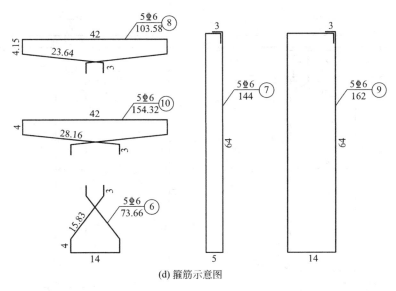

(d) 箍筋示意图

图 4.2 试验梁配筋示意图（单位：cm）（二）

4.1.1.3 配束设计
试验梁采用体内有黏结配束，钢束布置形式如图 4.3（a）~（c）所示。

4.1.1.4 参数设计
本系列试验共设计 3 片弯剪梁，试验以接缝类型对节段梁剪切性能的影响为研究对象，将接缝形式作为试验参数。所有试件截面尺寸、箍筋配筋率、纵向主筋和腹板水平钢筋配筋率、钢束布置、剪跨比均相同。试验梁编号用字母 BS 和数字序号表示：BS1 梁为整体梁，普通钢筋在接缝位置连续，混凝土一次浇筑完成，如图 4.4（a）所示；BS4 梁为传统混凝土齿键接缝节段梁，如图 4.4（b）

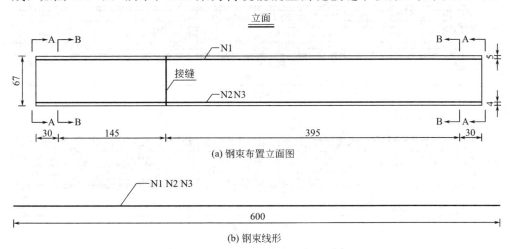

图 4.3 钢束布置示意图（单位：cm）（一）

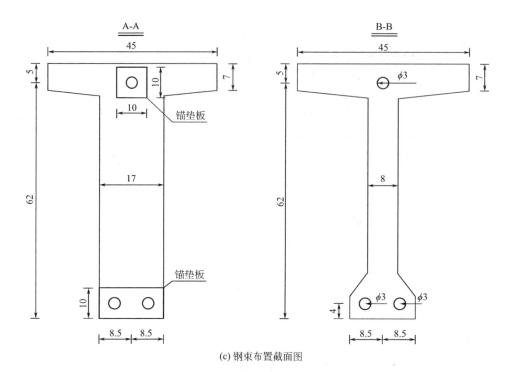

图 4.3 钢束布置示意图（单位：cm）（二）

所示；BS5 梁为钢榫键接缝节段梁，如图 4.4（c）所示。传统混凝土齿键接缝形式依据 AASHTO 规范[40]设计，详细尺寸如图 4.4（d）所示。钢榫键构造设计如图 2.1（c）所示，布置形式依据本书 3.3.4 节进行，如图 4.4（e）所示。

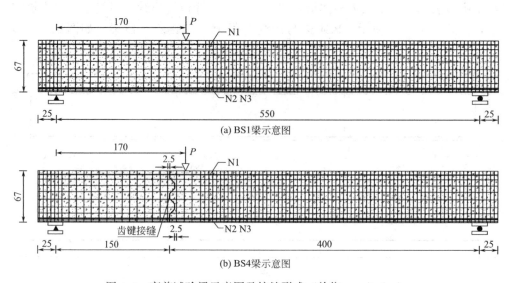

图 4.4 弯剪试验梁示意图及接缝形式（单位：cm）（一）

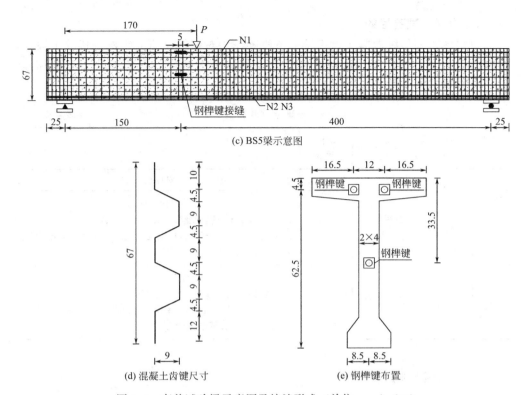

图 4.4 弯剪试验梁示意图及接缝形式（单位：cm）（二）

4.1.1.5 试验梁参数汇总

结合前面对试验梁截面、配筋、配束、试验变量等参数的设计，现将 BS1、BS4、BS5 试验梁参数设计汇总于表 4.1。

BS1、BS4、BS5 试验梁参数表　　　　　　　　　　表 4.1

试件编号	BS1	BS4	BS5
腹板宽度(mm)	80	80	80
梁高(mm)	670	670	670
有效高度(mm)	639	639	639
剪跨区箍筋间距(mm)	100	100	100
剪跨 a (mm)	1700	1700	1700
剪跨比 λ	2.66	2.66	2.66
纵向主筋配筋率(%)	0.614	0.614	0.614
配箍率(%)	0.706	0.706	0.706
腹板水平钢筋	接缝位置连续	接缝位置连续	接缝位置不连续
腹板水平钢筋配筋率(%)	0.706	0.706	0.706
接缝形式	整体梁	传统混凝土齿键接缝	钢榫键接缝

4.1.1.6 试验目的

以整体梁和传统混凝土齿键接缝节段梁作为对照组,研究钢榫键接缝节段梁在弯剪受力状态条件下结构的变形特点、裂缝分布特征、极限承载力及破坏模式,试验目的汇总于表 4.2。

弯剪梁试验目的　　　　　　　　表 4.2

试件编号	加载方式	接缝形式	试件数量	试验目的
BS1	弯剪加载	整体梁	1	对照组
BS4	弯剪加载	混凝土齿键接缝	1	对比 BS1 1. 传统混凝土齿键接缝节段梁弯剪受力特性。 2. 弯剪受力状态条件下,传统混凝土齿键接缝节段梁与整体梁力学行为的差异
BS5	弯剪加载	钢榫键接缝	1	对比 BS1、BS4 1. 研究得到钢榫键接缝节段梁弯剪受力特性。 2. 弯剪受力状态条件下,钢榫键接缝节段梁与整体梁、传统混凝土齿键接缝节段梁力学行为的差异

4.1.2 试验材料

试验梁为预应力钢筋混凝土预制节段梁,在太仓某预制梁场制作加工完成。试验梁所涉及的主要材料包括普通混凝土、普通钢筋、预应力钢筋及环氧树脂胶,各材料制备及力学性能如下。

4.1.2.1 混凝土制备及力学性能

混凝土采用 C40 商品混凝土。由于试验梁为薄腹板,厚度仅为 8cm,除去保护层和箍筋空间后,混凝土浇筑空间有限。鉴于此,对常规混凝土配合比进行改良优化,采用细石代替石子,且为保证试验梁早期强度,未掺入矿粉。相关材料如下:

(1) 水泥:铜陵海螺 P.Ⅱ52.5。
(2) 中砂:洞庭湖Ⅱ区中砂。
(3) 细石:5~16mm。
(4) 拌合水:自来水。
(5) 外加剂:中铁奥莱特 ART-JR2。

混凝土配合比见表 4.3。该配合比下混凝土实测坍落度大于 220mm。

混凝土配合比　　　　　　　　表 4.3

材料名称	细石	中砂	水泥	水	外加剂	总重度
用量(kg/m³)	1100	647	500	120	8	2375

混凝土力学测试根据现行国家标准《普通混凝土力学性能试验方法标准》GB/T 50081 制作 150mm×150mm×150mm 立方体试块,试块采样与试验梁浇筑采用同一批次混凝土,试验过程如图 4.5 所示,强度试验值如表 4.4 所示。

(a) 混凝土抗压试验　　　　　　　　(b) 荷载-位移曲线

图 4.5　混凝土力学性能试验

混凝土强度试验值　　　　　　　　　　　　　表 4.4

试件编号	BS1	BS4	BS5
混凝土强度(MPa)	49	45	53

4.1.2.2　普通钢筋力学性能

顶、底板纵向主筋均采用 HRB400 钢筋,直径分为 8mm 和 10mm。腹板水平钢筋和箍筋均采用直径为 6mm 的 HRB400 钢筋。材性试验取样（500mm）与试验梁采用同一批钢筋,材性试验如图 4.6 所示。表 4.5 列出了各钢筋力学性能参数。

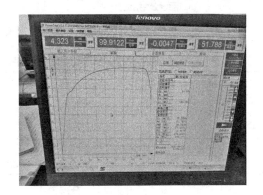

(a) 钢筋轴拉试验　　　　　　　　(b) 荷载-位移曲线

图 4.6　普通钢筋材性试验

普通钢筋力学性能试验值　　　　　　　　　　表 4.5

钢筋规格(mm)	6	8	10
屈服荷载(kN)	12.87	22.61	36.53
极限荷载(kN)	17.46	31.44	51.68
屈服强度(MPa)	455.30	450.06	465.35
极限强度(MPa)	617.78	625.88	658.35
弹性模量(MPa)	2.00E+05	2.00E+05	2.00E+05

4.1.2.3 预应力钢筋力学性能

预应力钢筋采用 1×7 规格、直径为 15.2mm 的钢绞线，材性试验取样（500mm）与试验梁采用同一批钢绞线，材性试验如图 4.7 所示。经测试，该钢绞线力学性能参数如表 4.6 所示。预应力张拉时，在梁端布置压力传感器，灌浆养护至试验时预应力测量值如表 4.7 所示。试验梁采用体内有黏结布置，整个加载过程中预应力筋未发生黏结滑移，预应力值稳定不变。

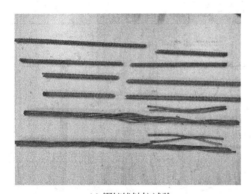
(a) 钢绞线轴拉试验

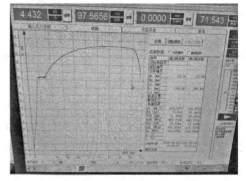
(b) 荷载-位移曲线

图 4.7 预应力钢束材性试验

预应力钢筋力学性能试验值　　　　　　　　　　表 4.6

预应力钢筋规格	屈服荷载(kN)	极限荷载(kN)	屈服强度(MPa)	极限强度(MPa)	弹性模量(MPa)
$\Phi^S 15.2$	232.19	258.22	1658.5	1844.39	1.95E+05

试验加载时有效预应力　　　　　　　　　　表 4.7

试件编号	BS1	BS4	BS5
试验时测试预应力(MPa)	840	831	836

4.1.2.4 环氧树脂胶力学性能

试件胶接缝采用国产商用环氧结构胶,该胶由 A、B 两种特定的环氧树脂材料按照 3∶1 比例拌合而成,在 23±2℃条件下养护 7d 的力学参数如表 4.8 所示。环氧树脂胶搅拌至胶体颜色一致后,均匀刮涂在单侧试件接缝表面,刮涂厚度严格控制在 3mm,在侧向临时预压力 0.3~0.5MPa[117] 作用下养护 3d 后进行二次张拉至设计张拉力。

环氧结构胶力学参数 表 4.8

密度 (g/cm^3)	抗压强度 (MPa)	弹性模量 (GPa)	抗剪强度 (MPa)	抗拉弯强度 (MPa)	收缩率 (%)	可黏结时间 (min)	热变形温度 (℃)
1.7	80.5	6.5	30	5.2	0.1	60~100	63

4.1.3 试验梁制作

本系列试验梁腹板厚度较薄,且涉及接缝处素混凝土节段梁、接缝处钢筋连续节段梁,与常规节段梁相比施工存在较大困难,本小节将施工过程中的处理方法和要点进行了详细描述。

(1) 为严格控制腹板厚度,避免试验梁成形尺寸与设计尺寸存在较大出入,试验梁的制作均采用钢模板,钢模板的设计、加工及架设如图 4.8 (a) 所示。

(2) 钢筋下料与成形,并取样进行材性试验。试验梁长度短,为保证钢筋锚固长度,纵向钢筋在接缝位置均设计成 U 形,如图 4.8 (b)、(e) 所示。

(3) 普通钢筋电阻应变片的粘贴,涂抹 703 防潮层和环氧胶保护层,如所图 4.8 (c) 所示。

(4) 试验梁钢筋骨架绑扎。水平钢筋与竖向箍筋具备同样抗剪作用,为充分发挥抗剪钢筋的抗剪作用,严格控制水平钢筋与竖向箍筋布置间距,且间隔 200mm 进行绑扎,绑扎点呈梅花形布置,如图 4.8 (d) 所示。

(5) 应变片按 4.1.4.3 节进行编号,导线沿腹板箍筋梳理布置并从顶板引出,以防止施工过程对应变片及导线的扰动,如图 4.8 (e) 所示。

(6) 钢筋笼入模。均匀加密布置塑料卡钳式垫块,以确保混凝土保护层厚度均匀。同时,安装金属波纹管和灌浆管道,如图 4.8 (f) 所示。

(7) 试验梁混凝土浇筑,并取样进行材性试验。由于腹板厚度较薄,为防止试验梁成形后出现蜂窝、麻面和孔洞,对常规振捣棒进行优化,如图 4.8 (g)~(i) 所示。

(8) 试件出模。本试验涉及素混凝土节段梁,试验梁吊装时混凝土未达到设计强度,为防止吊装过程中试验梁产生弯曲裂缝或断裂,采用平衡梁配合多吊点进行吊装,如图 4.8 (j) 所示。

(9) 试件堆放及养护。试验梁堆放于平整的钢台座,并在试验梁下布置湿垫布,以防止试验梁出现弯曲裂缝或断裂,如图 4.8(k)所示。

(10) 接缝拼装及预应力筋张拉,如图 4.8(l)~(n)所示。试验梁采用体内有黏结配束形式,钢束、锚具、锚垫板、螺旋筋均采用 OVM 配套商用预应力筋体系。接缝胶采用商用环氧胶,接缝单侧刮涂 3mm。预应力分两次张拉,第一次张拉使接缝维持 0.3~0.5MPa 压应力予以压紧[117],并养护至接缝胶设计强度,第二次张拉至设计值。预应力张拉前对张拉设备进行校准,并布置压力传感器对张拉力进行数据采集。

(11) 试验梁灌浆与养护。

(a) 定制钢模

(b) 钢筋成形

(c) 应变片粘贴

(d) 钢筋笼绑扎

图 4.8　试验梁制备过程(一)

图 4.8　试验梁制备过程（二）

(m) 张拉设备校准　　　　　　(n) 预应力张拉

图 4.8　试验梁制备过程（三）

4.1.4　加载设计

4.1.4.1　试验设备

加载设备采用 POPWIL 电液伺服试验加载机，如图 4.9（a）所示；位移和应变采用输力强 ZEEFAX（ZFXIMP-1B）动态采集仪进行动态数据采集，如图 4.9（b）所示；预应力筋张拉力采用长沙金码 JMZX-3102AT 型压力传感器和 GBD430 采集箱进行数据采集，如图 4.9（c）所示。

(a) 电液伺服试验加载机　　　　(b) ZFXIMP-1B 采集系统

(c) GBD430 采集箱

图 4.9　加载与数据采集设备

4.1.4.2 加载方案

(1) 加载点布置

本系列试验采用单点加载进行弯剪试验,3 片梁采用统一剪跨 $a=1700$mm,加载示意图如图 4.10(a)所示,内力分布图如图 4.10(b)所示。

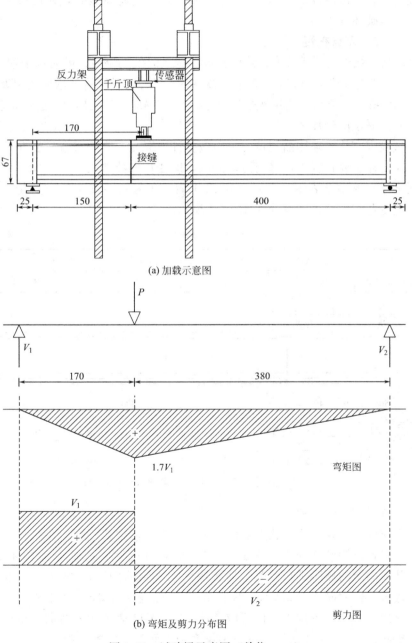

(a) 加载示意图

(b) 弯矩及剪力分布图

图 4.10 试验梁示意图(单位:cm)

（2）加载过程

试验采用单调加载方式，每级荷载加载完成后维持该级荷载一段时间直至加载力稳定，分级记录加载力和应变计、压力传感器的测量数据，同时观察加载过程中的试验现象并标记裂缝的发展状态。混凝土开裂前，以 10kN 为一级加载到试件接近开裂，试件开裂后以 5kN 为一级加载至钢筋屈服时，采用位移控制加载直至梁体破坏。

4.1.4.3 测点布置

试验将以结构受剪承载力、跨中挠度、腹板混凝土应力、纵向水平钢筋/竖向箍筋应力、裂缝宽度为研究对象，对各试件的力学性能进行从开始加载到破坏的全过程对比分析。鉴于此，试验测点基于混凝土/钢筋应变、结构位移进行布置。

（1）混凝土应变片

本试验应变片均采用浙江黄岩电阻应变计。混凝土应变布置应变花进行数据采集，应变片主要布置于接缝附近剪跨区，应变片参数如表 4.9 所示。应变片编号采用字母 C 和数字表示，例如 BS1-C1-1 表示 1 号弯剪梁 1 号应变花 1 号应变片，各应变花布置位置及序号如图 4.11 所示。

混凝土应变片参数   表 4.9

型号	电阻(Ω)	灵敏度系数(％)	精度等级	栅长×栅宽(mm×mm)
BX120-100AA	119.6±0.1	2.08±1	A	80×3

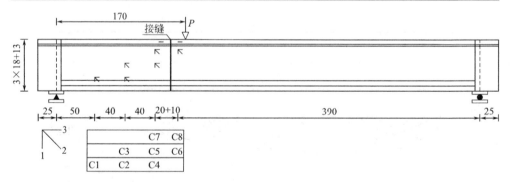

图 4.11 混凝土应变片布置示意图（单位：cm）

（2）普通钢筋应变片

钢筋应变片主要基于加载点截面，距支座 1/2 倍梁高截面，距接缝 1 倍梁高截面进行布置，钢筋应变片参数如表 4.10 所示。应变片序号按示意图 4.12 从左往右，从下向上的顺序进行编号。腹板纵向水平钢筋用字母 H 表示，箍筋用 V 表示，底板纵向钢筋用 B 表示，BS 表示弯剪梁。例如：BS1-H11 表示 1 号弯剪梁腹板纵向水平筋第一排 1 号位置应变片，BS1-V11 表示 1 号弯剪梁箍筋第一排 1 号位置应变片，BS-B1 表示 1 号弯剪梁底板纵筋 1 号位置应变片。

钢筋应变片参数 表 4.10

型号	电阻(Ω)	灵敏度系数(%)	精度等级	栅长×栅宽(mm×mm)
BX120-100AA	119.6±0.1	2.08±1	A	3×2

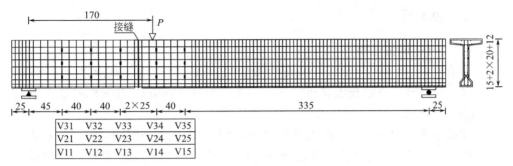

(a) 箍筋应变片布置示意图

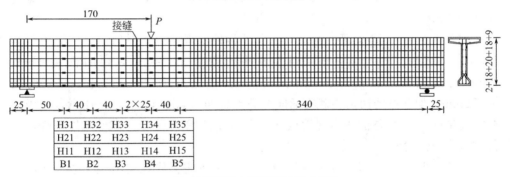

(b) 水平腹筋及主筋应变片布置示意图

图 4.12　普通钢筋应变片布置示意图（单位：cm）

（3）位移计

位移计布置于支点、跨中、4 分点、接缝两侧、加载点，如图 4.13 所示。LVDT1、LVDT6 采用 YHD-50 型位移计（±50mm），LVDT2～5 采用 YHD-200 型位移计（±100mm）。

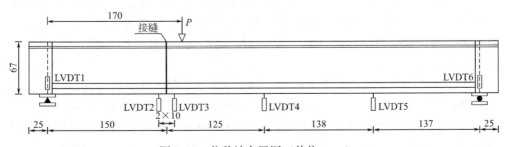

图 4.13　位移计布置图（单位：cm）

4.2 试验过程分析

4.2.1 BS1梁

4.2.1.1 试验过程

加载力 $F=90\text{kN}$ 时，试件出现初始裂缝，该裂缝位于加载点处主梁底缘，为竖向弯曲裂缝，裂缝长度接近 20mm，宽度为 0.050mm，此时纵筋和箍筋应变较小。

加载力 $F=120\text{kN}$ 时，距加载点 50cm 处腹板出现首条腹剪斜裂缝，该裂缝与水平向接近 70°，裂缝长度接近 200mm，宽度为 0.072mm。同时，距加载点 60cm 处主梁底缘出现第二条竖向弯曲裂缝，裂缝长度接近 60mm，裂缝宽度为 0.064mm。

加载力 $F=125\text{kN}$，距加载点 60cm 处腹板出现第二条斜裂缝，裂缝长度为 50mm，宽度为 0.065mm，该裂缝与水平向接近 50°。同时，距加载点 30cm、35cm 处出现两条新的竖向弯曲裂缝，裂缝长度为 80～150mm，宽度为 0.072mm。加载点处初始裂缝逐渐向加载点延伸。如图 4.14（a）所示，该级荷载工况试件荷载-位移曲线出现拐点（A 点），曲线斜率降低，试件刚度下降，试件进入弹塑性阶段。

加载力 $F=130\text{kN}$，距加载点 40cm、50cm 处主梁底缘均出现一条竖向弯曲裂缝，裂缝长度接近 40mm，最大宽度为 0.052mm。同时，距加载点 85cm 处腹板出现第三条斜裂缝，裂缝长度为 80mm，宽度为 0.069mm，该裂缝与首条腹剪斜裂缝几乎平行。初期裂缝发展如图 4.14（b）所示。

加载力 $F=135\text{kN}$，各条竖向弯曲裂缝均有发展，其中加载点处底板竖向裂缝发展较快，裂缝逐渐向加载点延伸，裂缝长度已达到 420mm，裂缝宽度已超过 0.2mm。

加载力 $F=140\sim160\text{kN}$，该过程以腹板斜裂缝发展为主，发展数量和速度均大于竖向弯曲裂缝。在距加载点 10～90cm 范围内，出现多条相互平行的细小斜裂缝，裂缝长度为 50～150mm，最大裂缝宽度为 0.082mm。此时，初始腹板斜裂缝宽度为 0.223mm。

加载力 $F=165\text{kN}$，出现一条腹板斜裂缝穿过混凝土应变片。

加载力 $F=170\sim200\text{kN}$，距左侧支点 10～120cm 范围内腹板则不断出现 30～100mm 长度的斜裂缝。腹板斜裂缝发展逐渐从加载点附近区域向支点附近区域转移，在该过程中裂缝发展角度逐渐减小，且不断往加载点方向和底板方向发展。裂缝发展如图 4.14（c）所示。

加载力 $F=200 \sim 220 \text{kN}$，距加载点 50cm 范围内的腹板和底板几乎没有新裂缝出现。在剪跨范围内，部分竖向弯曲裂缝延伸至腹板，并指向加载点，逐渐演变为弯剪斜裂缝。在该加载过程仍以新的腹剪斜裂缝发展为主，同时原有腹剪斜裂缝长度进一步延伸。

加载力 $F=250 \text{kN}$，加载点处底板首条弯曲竖向裂缝已延伸至顶板与腹板交界面，在加载点附近仍有少量竖向弯曲裂缝出现，且往加载点延伸。距支点 120cm 范围内已出现大量腹剪斜裂缝，并向主梁顶、底缘延伸。

加载力 $F=300 \text{kN}$，钢筋出现屈服，加载过程转换为位移控制，直至试件破坏。在后续加载过程中，腹板斜裂缝宽度明显大于底缘竖向裂缝。主要原因是底缘有纵向预应力钢筋。

加载力 $F=420 \text{kN}$，试件基本没有新增可见裂缝，腹板裂缝相互贯通，裂缝宽度逐渐增大。裂缝发展如图 4.14（d）所示。

加载力 $F=449 \text{kN}$，加载力不再增加，试件竖向位移继续发展，荷载-位移曲线 BC 段进入水平段。随后，试件腹板逐渐形成两条主裂缝，其中一条连接加载点与支点，另一条位于距加载点 50cm 处主梁底缘指向加载点。随着继续加载，主裂缝宽度逐渐增大，腹板处混凝土出现剥落，加载点处试件顶缘受压区混凝土局部压溃，试件出现明显剪切破坏，如图 4.14（e）所示。

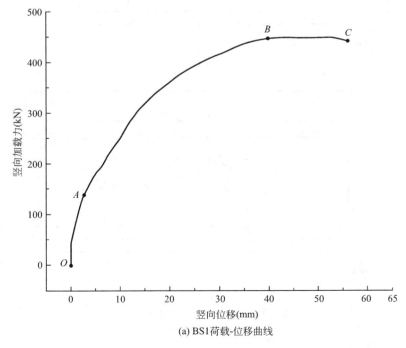

(a) BS1 荷载-位移曲线

图 4.14 BS1 试件力学行为（一）

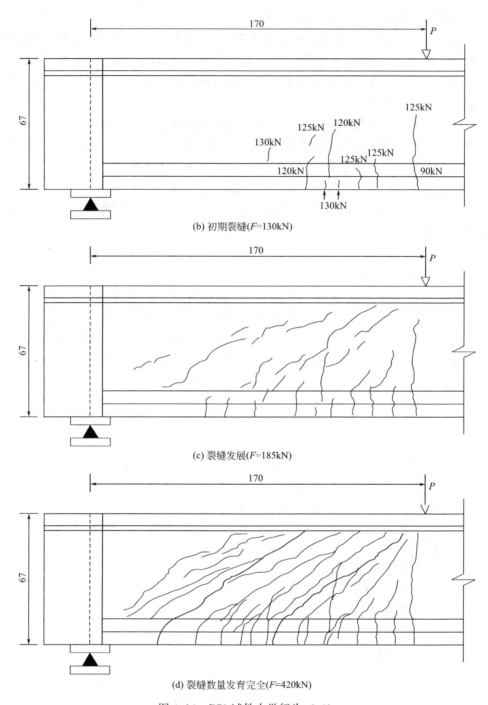

图 4.14 BS1 试件力学行为（二）

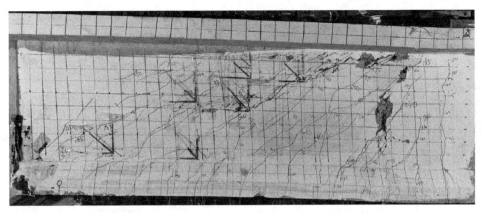

(e) 破坏模式

图 4.14　BS1 试件力学行为（三）

4.2.1.2　普通钢筋受力性能

(1) 腹板纵向水平筋受力性能

BS1 试验梁剪跨段内腹板纵向水平钢筋应变片布置位置如图 4.15（a）所示，对各级荷载工况条件下所采集得到的应变数据进行整理分析，如图 4.15（b）、(c) 所示。

图 4.15（b）中纵坐标表示加载力，横坐标表示腹板纵向水平钢筋应变。随着腹板斜裂缝的逐渐发展，H11～H15、H21～H25 测点位置处钢筋应变逐渐增大，且在加载力为 280～440kN 间各测点应变逐渐达到屈服应变。腹板纵向水平钢筋有效承担了主拉应力的水平分量，并沿纵向传递到主梁各截面，起到抗剪钢筋的作用。H31～H35 位于腹板与顶板结合面，均未达到受拉屈服。

图 4.15（c）中纵坐标表示沿截面高度方向布置在腹板纵向水平钢筋上的应变测点，横坐标则表示对应测点的钢筋应变数据。加载力 $F=120\text{kN}$ 时，试件出现初始斜裂缝，此时腹板水平钢筋应变沿试件截面高度呈线性变化，由梁底缘拉

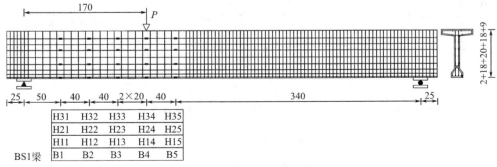

(a) 腹板纵向水平钢筋应变片布置示意图(单位：cm)

图 4.15　腹板水平纵筋应力（一）

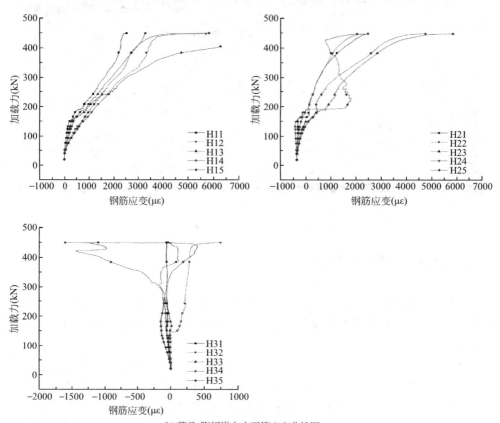

(b) 荷载-腹板纵向水平筋应变曲线图

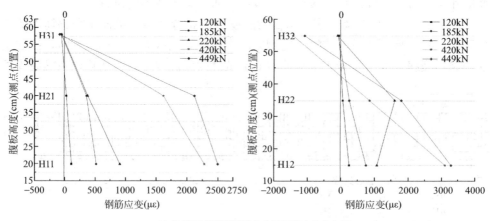

(c) 沿截面高度腹板纵向水平钢筋应变分布图

图 4.15 腹板水平纵筋应力（二）

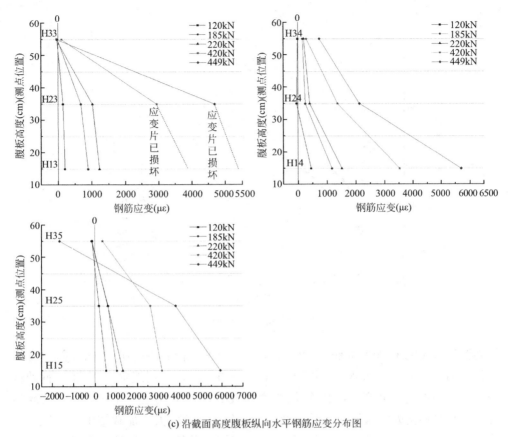

(c) 沿截面高度腹板纵向水平钢筋应变分布图

图 4.15 腹板水平纵筋应力（三）

应变逐渐转变为梁顶缘的压应变。加载力 $F=420$ kN 时，试件剪跨内腹板斜裂缝逐渐发育完全，大部分剪切钢筋（H11～H15、H21～H25）达到屈服应变，且钢筋应变沿试件截面高度方向呈线性变化，由梁底缘拉应变逐渐转变为梁顶缘压应变。从上述试验数据可见：腹板纵向水平钢筋能有效分担主拉应力水平向的水平分力，并沿纵向有效传递到主梁各截面，起到抗剪钢筋的作用。同时，结合试件裂缝发展，由于腹板纵向水平钢筋将主拉应力的水平分量沿纵向有效分布到主梁各截面，斜裂缝在剪跨内腹板充分发育。

（2）底板纵筋受力性能

如图 4.16 所示，由于预应力筋的有利作用，使得马蹄裂缝宽度明显小于腹板，马蹄纵筋在主梁破坏时大部分测点未达到屈服。

（3）箍筋受力性能

BS1 试验梁剪跨段内箍筋应变片布置示意图如图 4.17（a）所示。图 4.17（b）为荷载-箍筋应变曲线，腹板出现斜裂缝前，各截面箍筋不同位置处测点应变数据变化较小，少部分位置测点甚至处于受压状态。加载力为 120kN 时，首条

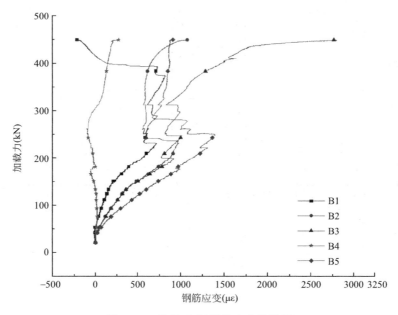

图 4.16 荷载-底板纵筋应变曲线图

斜裂缝穿过 V23 位置处箍筋，V23 测点应变突增，荷载-箍筋应变曲线斜率发生变化。加载力为 130kN 时，腹板出现第三条斜裂缝，该裂缝穿过 V22 位置处箍筋，V22 测点应变突增，荷载-箍筋应变曲线斜率发生变化。可见腹板一出现斜裂缝，与之相交处的箍筋应变随加载力的增加而逐渐增大。加载结束后，试验梁剪跨内 2~5 号截面箍筋均达到屈服应变。但同一肢箍筋位于腹板不同高度处的应变数据发展不一致，这与箍筋和裂缝是否相交有关。与斜裂缝相交的箍筋应变幅较大，而距斜裂缝较远位置处的箍筋应变变化则相对有限（基本未达到屈服应变），说明同一肢箍筋位于同一截面上下不同位置处的应变数据发展存在差异。

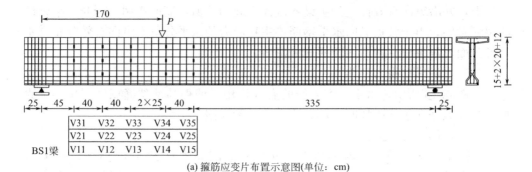

(a) 箍筋应变片布置示意图(单位：cm)

图 4.17 箍筋应力（一）

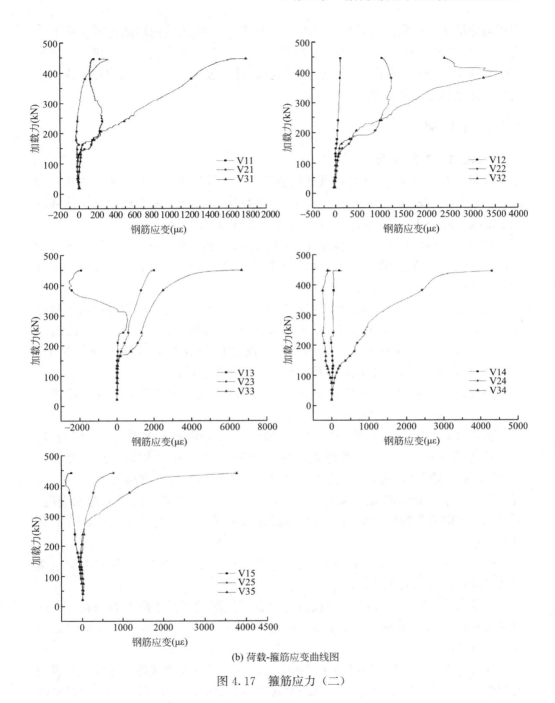

(b) 荷载-箍筋应变曲线图

图4.17 箍筋应力（二）

加载力为350～400kN时，各截面箍筋相继达到屈服应变，而腹板水平钢筋多数在加载力为300～350kN时已达到屈服应变，箍筋晚于腹板水平钢筋达到屈服应变。V24、V32、V33、V35位置处箍筋应变均超过屈服应变，可见主拉应力竖向分量从 2 号截面有效地传递到 5 号截面，各截面箍筋均能起到抗剪的作用。同时，V32、V33、V35 均位于腹板上部，接近顶板与腹板结合部位，由破坏模式图 4.14（e）可见，试件达到破坏状态时顶板与腹板结合面附近出现大量裂缝，甚至出现混凝土剥落。

4.2.2 BS4 梁

4.2.2.1 试验过程

加载力 $F=105$kN，试件出现初始裂缝，该裂缝位于接缝位置主梁底缘，为竖向弯曲裂缝，裂缝长度接近 30mm，宽度为 0.063mm。由于环氧胶抗拉强度大于混凝土开裂强度，该裂缝位于接缝处主梁砂浆层。

加载力 $F=115$kN，距加载点 10cm 处主梁底缘出现竖向弯曲裂缝，该裂缝一出现便延伸到主梁接缝处凹键下隅角，裂缝长度接近 150mm，宽度为 0.112mm。

加载力 $F=125$kN，接缝位置初始裂缝继续发展，裂缝走向主要沿齿键接缝交界面向上延伸，该荷载工况裂缝最大宽度为 0.243mm，裂缝宽度已超过 0.2mm。如图 4.18（a）所示，该级荷载工况试件荷载-位移曲线出现拐点（A 点），曲线斜率降低，试件刚度下降，试件进入弹塑性阶段。

加载力 $F=130$kN，加载点处主梁底缘出现竖向弯曲裂缝，裂缝长度接近 80mm，裂缝宽度为 0.072mm。

加载力 $F=145\sim165$kN，距加载点 $50\sim65$cm 处腹板依次出现三条斜裂缝，裂缝长度接近 $60\sim80$mm，裂缝宽度为 $0.045\sim0.090$mm。同时，加载力 $F=165$kN，距加载点 55cm 位置处出现一条弯剪斜裂缝，裂缝长度接近 150mm，裂缝宽度为 0.097mm。在该加载过程中，接缝附近出现多条新的竖向弯曲裂缝，同时原有竖向弯曲裂缝逐渐向腹板与顶板交界面延伸。初期裂缝发展如图 4.18（b）所示。

加载力 $F=170\sim175$kN，凸键腹板中部出现一条斜裂缝，且该裂缝穿过接缝面向加载点和主梁底缘发展。

加载力 $F=180\sim190$kN，腹板斜裂缝数量逐渐发展且不断有新的斜裂缝穿过接缝面向加载点方向延伸，但斜裂缝主要集中在接缝附近，裂缝发展如图 4.18（c）所示。

加载力 $F=200$kN，裂缝新增速率降低，裂缝宽度发展缓慢。除接缝位置竖向裂缝外，其他位置竖向弯曲裂缝最大宽度为 0.206mm，腹板最大斜裂缝宽度为 0.216mm，由此可见非接缝位置的裂缝宽度发展缓慢。

加载力 $F=220$kN，几乎无新增裂缝，原有裂缝宽度发展缓慢，裂缝宽度发展主要集中在接缝面位置，如图 4.18（c）所示。由于接缝采用环氧树脂胶，其抗拉强度为 5.2MPa，比接缝面素混凝土的抗拉极限强度高。当主梁底缘拉应力超过素混凝土的极限抗拉强度时，节段梁沿接缝面混凝土砂浆层开裂，节段梁接缝逐渐张开，受拉区混凝土逐渐退出工作，受压区高度逐渐减小，截面逐渐发生应力重分布。考虑试验安全，随后加载方式转换为位移控制加载，直至试件破坏。

加载力 $F=339$kN，加载力不再增加，试件竖向位移继续发展，荷载-位移曲线 BC 段进入水平发展，如图 4.18（a）所示。该过程接缝张开宽度持续增加，截面中性轴不断上移，受压区混凝土面积逐渐减小，接缝位置形成倒 V 形破坏面。直至加载点附近混凝土突然压溃（如图 4.18e 所示），加载力骤降，随即停止加载。

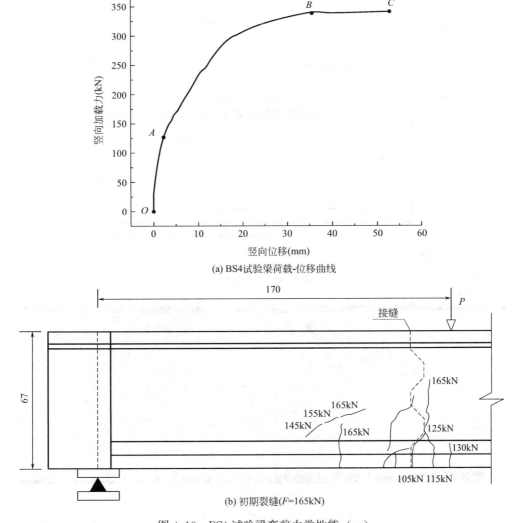

(a) BS4试验梁荷载-位移曲线

(b) 初期裂缝($F=165$kN)

图 4.18 BS4 试验梁弯剪力学性能（一）

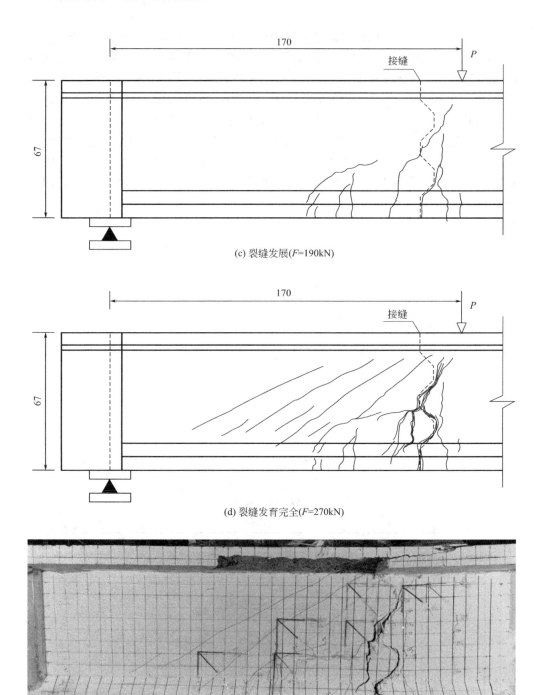

图 4.18 BS4 试验梁弯剪力学性能（二）

4.2.2.2 普通钢筋受力性能

(1) 腹板纵向水平筋受力性能

BS4 试验梁剪跨段内腹板纵向水平钢筋应变片布置位置如图 4.19（a）所示，并对各级荷载工况条件下所采集得到的应变数据进行整理分析。

图 4.19（b）纵坐标表示加载力，横坐标表示腹板水平钢筋应变。试件开裂

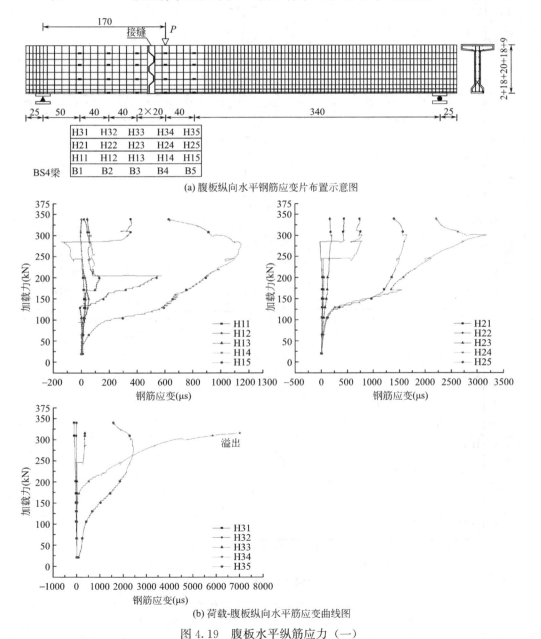

图 4.19　腹板水平纵筋应力（一）

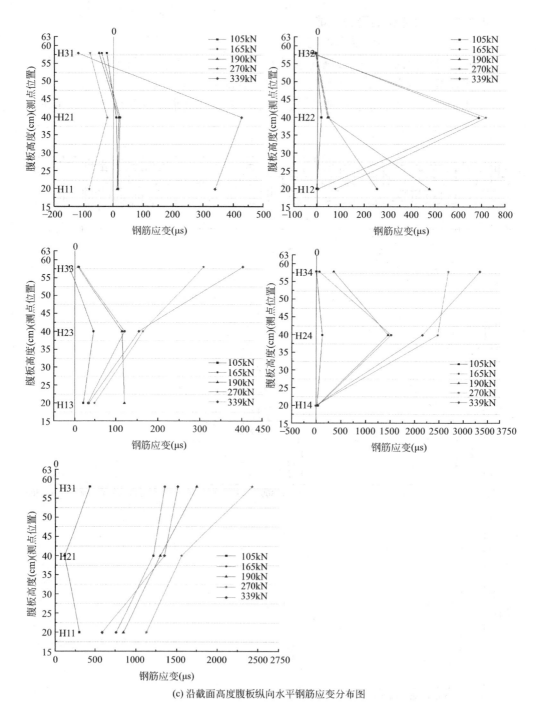

(c) 沿截面高度腹板纵向水平钢筋应变分布图

图 4.19 腹板水平纵筋应力（二）

前，各测点钢筋应变较小。当加载力为 105kN 时，接缝位置出现竖向弯曲裂缝，该裂缝一出现，长度和宽度均较大。该裂缝在加载力为 125kN 时穿过 H24 测点，该测点应变数据突增，并随加载力的增加而逐渐增加，直到屈服。当加载力为 175kN 时，该条裂缝穿过 H34 测点，H34 应变数据突增，并随加载力的增加而逐渐增加，加载力为 300kN 时应变溢出。由于接缝位置裂缝一出现，裂缝的发展长度和宽度均较大，逐渐形成主裂缝，导致主裂缝附近测点 H15、H24、H25、H34、H35 应变相对较大，而远离主裂缝的 H11～H14、H21～H23、H31～H33 位置应变测点数据变化较小。同时，随着加载力的增加，裂缝宽度主要集中在接缝位置，并在接缝位置形成倒 V 形破坏面，该过程中 H15、H24、H25、H35 位置处水平钢筋应力得到进一步释放，测点应变数据出现降低的趋势，荷载-应变曲线相对前期发展呈反方向发展。

图 4.19（c）中纵坐标表示沿截面高度方向布置在腹板纵向水平钢筋上的应变测点，横坐标则表示对应测点的钢筋应变数据。加载力 $F=105$kN 时，试件出现初始裂缝，试验梁 1～4 号截面腹板水平钢筋应变沿试件截面高度呈线性变化，由梁底缘拉应变逐渐转变为梁顶缘压应变，结构基本满足平截面假定。随着裂缝逐渐发展，尤其主裂缝在接缝位置形成后，试件 2～5 号截面腹板水平钢筋应变均出现不规律的变化，结构不再满足平截面假定。

（2）底板纵筋受力性能

如图 4.20 所示，由于预应力筋的有利作用，使得马蹄裂缝宽度明显小于腹

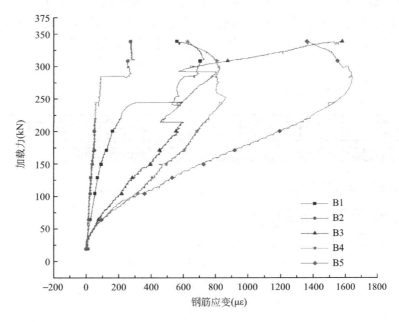

图 4.20 荷载-底板纵筋应变曲线图

板，马蹄纵筋在主梁破坏时大部分测点未达到屈服。同时，随着加载力的增加，裂缝宽度主要集中在接缝位置，并在接缝位置形成倒 V 形破坏面，该过程中 B1、B2、B4、B5 位置处水平钢筋应力得到进一步释放，测点应变数据出现降低的趋势，荷载-应变曲线相对前期发展呈反方向发展。

（3）箍筋受力性能

BS4 试验梁剪跨段内箍筋应变片布置示意图如图 4.21（a）所示。图 4.21（b）为荷载-箍筋应变曲线，在试件腹板斜裂缝出现前，各箍筋应变测点数据变化较小，部分位置测点甚至处于受压状态。加载力为 145kN 时，首条斜裂缝穿过 V12 位置处箍筋，V12 测点应变突增，荷载-箍筋应变曲线斜率发生变化。加载力为 165kN 时，腹板出现第三条斜裂缝，穿过 V13 位置处箍筋，V13 测点应变突增，荷载-箍筋应变曲线斜率发生变化。可见，试件腹板一旦出现斜裂缝，与之相交的箍筋应变随加载力的增加而逐渐增大，但同一肢箍筋位于腹板不同高度处的应变数据发展不一致，这与箍筋和裂缝是否相交有关。与斜裂缝相交的箍筋应变幅较大，而距斜裂缝较远位置处的箍筋应变变化则相对有限（基本未达到屈服应变），说明同一肢箍筋位于同一截面上下不同位置处测点的应变数据发展存在差异。随着加载力的逐渐增大，接缝位置竖向弯曲裂缝逐渐发展为主裂缝，且逐渐形成倒 V 形破坏截面。破坏面出现后，与之相交的箍筋、预应力筋及剪压区混凝土组成的机构承担外荷载。由于试验梁采用体内有黏结配束，及倒 V 形破坏面位置存在压区混凝土，各截面剪力仍能继续传递，但各截面箍筋应变相对 BS1 梁发展缓慢。主要是因为裂缝宽度在接缝位置处的主裂缝位置集中发展。加载结束后，试验梁剪跨内各截面箍筋均未达到屈服应变，仅有 V15 和 V34 位置处箍筋测点接近屈服应变。

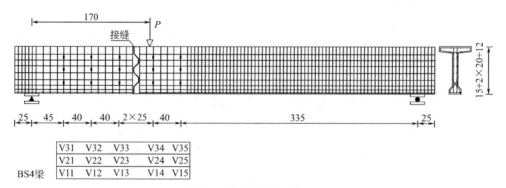

(a) 箍筋应变片布置示意图(单位：cm)

图 4.21 箍筋应力（一）

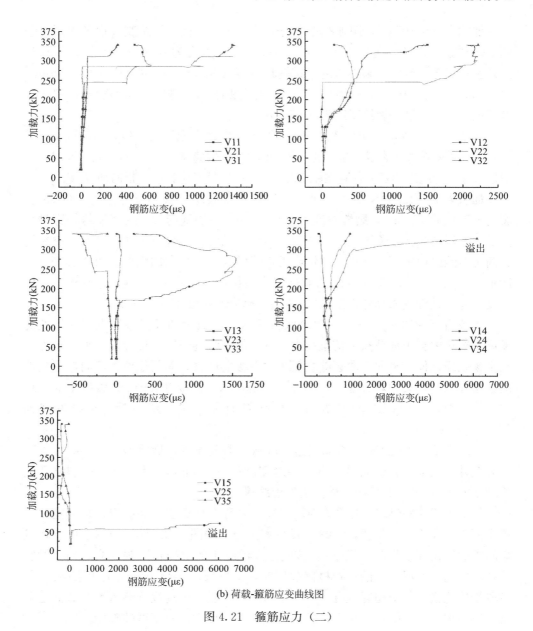

(b) 荷载-箍筋应变曲线图

图 4.21　箍筋应力（二）

4.2.3　BS5 梁

4.2.3.1　试验过程

加载力 $F=95\text{kN}$，试件出现初始裂缝，该裂缝位于接缝位置主梁底缘，为竖向弯曲裂缝，裂缝长度接近 20mm，宽度为 0.055mm。由于环氧胶抗拉强度大于混凝土开裂强度，该裂缝位于接缝面主梁砂浆层。

加载力 $F=105\mathrm{kN}$，距加载点 35cm、55cm 处腹板与马蹄交界面各出现一条初始斜裂缝，裂缝长度为 50～80mm，最大裂缝宽度为 0.059mm。同时，加载点处主梁底缘出现竖向弯曲裂缝，裂缝长度接近 80mm，裂缝宽度为 0.063mm。

加载力 $F=110\mathrm{kN}$，距加载点 35cm 处腹板中部出现第二条斜裂缝，裂缝长度接近 80mm，最大裂缝宽度为 0.079mm。

加载力 $F=120\mathrm{kN}$，距加载点 65cm 处腹板中部出现第三条斜裂缝，该裂缝发展长度、宽度较大，裂缝长度接近 150mm，最大裂缝宽度为 0.081mm。同时，接缝位置竖向裂缝继续发展，且在距底缘 13cm 位置处发生转向，指向加载点。

加载力 $F=125\mathrm{kN}$，距加载点 70cm 处主梁底缘出现第三条竖向弯曲裂缝，裂缝长度接近 120mm，裂缝宽度为 0.087mm。该裂缝起源于主梁底缘，穿过马蹄后已发展至腹板，逐渐发展成弯剪斜裂缝。同时，接缝位置初始竖向弯曲裂缝逐渐延伸至腹板中部，并在钢榫键附近形成转角后，指向加载点。如图 4.22（a）所示，该级荷载工况试件荷载-位移曲线出现拐点（A 点），曲线斜率降低，试件刚度下降，试件进入弹塑性阶段，初期裂缝如图 4.22（b）所示。

加载力 $F=130\sim180\mathrm{kN}$，剪跨区腹板斜裂缝数量和长度继续发展，但裂缝发展主要集中在距加载点一倍梁高内区域。斜裂缝逐渐穿过接缝面向加载点方向和主梁底缘延伸。竖向弯曲裂缝主要集中在接缝位置，而其他位置竖向弯曲裂缝的数量和宽度发展相对较缓。加载力 $F=140\mathrm{kN}$，距接缝 80cm 处腹板中部出现一条斜裂缝，该斜裂缝向腹板与顶板交界面和主梁底缘发展。裂缝发展如图 4.22（c）所示。

加载力 $F=200\mathrm{kN}$，裂缝新增速率降低，裂缝宽度发展缓慢。除接缝位置竖向裂缝外，其他位置竖向最大弯曲裂缝宽度为 0.266mm，腹板最大斜裂缝宽度为 0.205mm，可见非接缝裂缝宽度发展缓慢。

加载力 $F=230\mathrm{kN}$，几乎无新增裂缝，原有裂缝宽度发展缓慢，裂缝宽度发展主要集中在接缝面位置，裂缝发展基本完全，如图 4.22（d）所示。由于环氧树脂胶的抗拉强度为 5.2MPa，比接缝面素混凝土的抗拉极限强度高。当主梁底缘拉应力超过素混凝土的抗拉极限强度时，节段梁沿接缝面混凝土砂浆层开裂，节段梁接缝张开，受拉区混凝土逐渐退出工作，受压区高度逐渐减小，截面逐渐发生应力重分布。随后加载方式转换为位移控制加载，直至试件破坏。

加载力 $F=366\mathrm{kN}$，加载力不再增加，试件竖向位移继续发展，荷载-位移曲线 BC 段进入水平发展，如图 4.22（a）所示。该过程接缝张开宽度持续增加，截面中性轴不断上移，受压区混凝土面积逐渐减小，接缝位置形成倒 V 形破坏面。直至加载点附近混凝土突然压溃（见图 4.22e），加载力骤降，随即停止加载。试验结束时，加载点附近主梁顶缘受压区混凝土压溃，接缝位置形成倒 V 形破坏面。

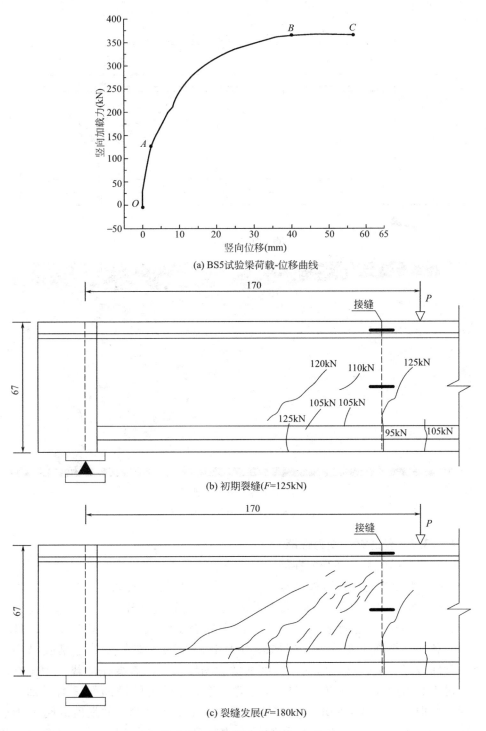

图 4.22 BS5 梁力学行为（一）

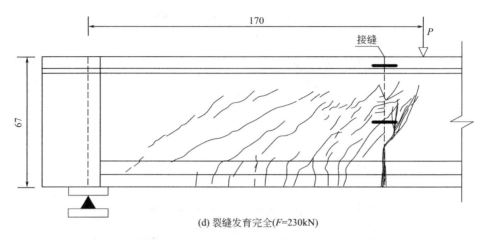

(d) 裂缝发育完全(F=230kN)

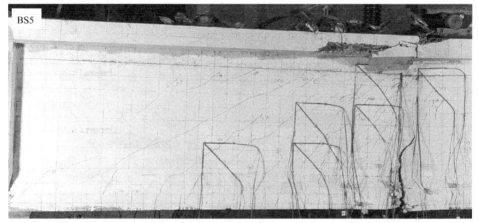

(e) 破坏模式(F=366kN)

图 4.22　BS5 梁力学行为（二）

4.2.3.2　普通钢筋受力性能

（1）腹板纵向水平筋受力性能

BS5 试验梁剪跨段内腹板纵向水平钢筋应变片布置位置如图 4.23（a）所示，并对各级荷载工况条件下所采集得到的应变数据进行整理分析。

图 4.23（b）纵坐标表示加载力，横坐标表示腹板水平钢筋应变。试件开裂前，各测点钢筋应变较小。当加载力为 105kN 时，加载点处主梁底缘出现竖向弯曲裂缝，该裂缝一出现，长度和宽度均较大。该裂缝在加载力为 130kN 时穿过 H15 测点，该测点应变数据突增，并随加载力的增加而逐渐增加，直到屈服。但随着加载力的增大，接缝位置逐渐形成主裂缝，并发展成倒 V 形破坏面，该过程中 H15 位置处水平钢筋应力得到进一步释放，测点应变数据出

现降低的趋势，荷载-应变曲线相对前期发展呈反方向发展。H25 测点与 H15 测点应变发展类似，在主裂缝形成后应变出现减小的趋势。测点 H11～H14、H21～H24 应变数据在整个加载过程中发展缓慢，试验结束时均未达到屈服应变。H31～H34 相对靠近顶板，整个加载过程中应变幅相对较小。在接缝位置主裂缝逐渐向顶板延伸过程中，试件中和轴上移，接缝面受压区面积逐渐减小，靠近接缝上缘位置的 H33、H34、H35 测点应变出现受压趋势，且 H34 测点应变出现受压溢出。

图 4.23（c）中纵坐标表示沿截面高度方向布置在腹板纵向水平钢筋上的应变测点，横坐标则表示对应测点的钢筋应变数据。加载力 $F=105\mathrm{kN}$，试件出现初始腹剪斜裂缝时，试验梁 1～5 号截面腹板水平钢筋应变沿试件截面高度呈线性变化，由梁底缘拉应变逐渐转变为梁顶缘压应变，结构基本满足平截面假定。随着裂缝逐渐发展，尤其主裂缝在接缝位置形成后，试件 1～5 号截面腹板水平钢筋应变均出现不规律的变化，结构不再满足平截面假定。

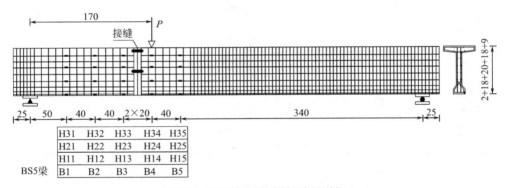

(a) 腹板纵向水平钢筋应变片布置示意图(单位：cm)

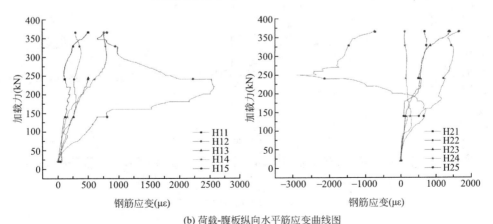

(b) 荷载-腹板纵向水平筋应变曲线图

图 4.23　腹板水平纵筋应力（一）

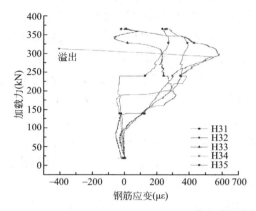

(b) 荷载-腹板纵向水平筋应变曲线图

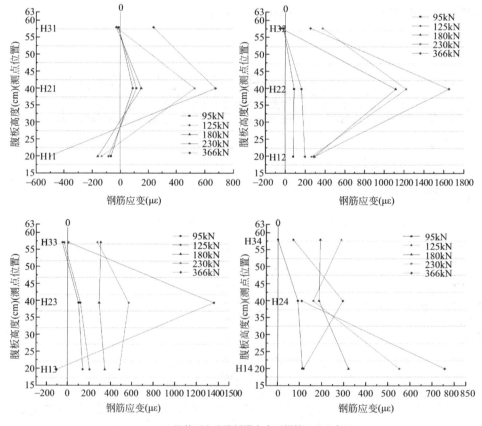

(c) 沿截面高度腹板纵向水平钢筋应变分布图

图4.23 腹板水平纵筋应力（二）

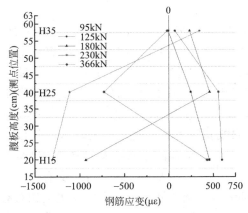

(c) 沿截面高度腹板纵向水平钢筋应变分布图

图 4.23 腹板水平纵筋应力（三）

(2) 底板纵筋受力性能

如图 4.24 所示，由于预应力筋的有利作用，使得马蹄裂缝宽度明显小于腹板，马蹄纵筋在主梁破坏时大部分测点未达到屈服。同时，随着加载力的增加，裂缝宽度主要集中在接缝位置，并在接缝位置形成倒 V 形破坏面，该过程中 B1、B2、B4、B5 位置处水平钢筋应力得到进一步释放，测点应变数据出现降低的趋势，荷载-应变曲线相对前期发展呈反方向发展。

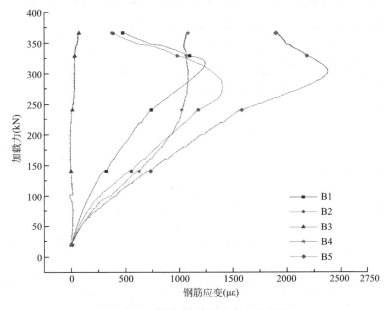

图 4.24 荷载-底板纵筋应变曲线图

(3) 箍筋受力性能

BS5试验梁剪跨段内箍筋应变片布置示意图如图4.25（a）所示。图4.25（b）为荷载-箍筋应变曲线，在试件腹板斜裂缝出现前，各箍筋应变测点数据变化较小，部分位置测点甚至处于受压状态。加载力为120kN时，斜裂缝穿过V12位置处箍筋，V12测点应变突增，荷载-箍筋应变曲线斜率发生变化。加载力150~160kN时，陆续有斜裂缝穿过V21、V22、V23位置处箍筋，该位置测点应变突增，荷载-箍筋应变曲线斜率发生变化。可见，试件腹板一旦出现斜裂缝，与之相交的箍筋应变随加载力的增加而逐渐增大，但同一肢箍筋位于腹板不同高度处的应变数据发展不一致，这与箍筋和裂缝是否相交有关。与斜裂缝相交的箍筋应变幅较大，而距斜裂缝较远位置处的箍筋应变变化则相对有限（基本未达到屈服应变），说明同一肢箍筋位于同一截面上下不同位置处测点的应变数据发展存在差异。4号截面箍筋测点接近加载点，受局部力影响V14~V34测点应变发展并无规律。随着加载力的逐渐增大，接缝位置竖向弯曲裂缝逐渐发展为主裂缝，且逐渐形成倒V形破坏截面。破坏面出现后，与之相交的箍筋、预应力筋及剪压区混凝土组成的机构承担外荷载。由于试验梁采用体内有黏结配束，及

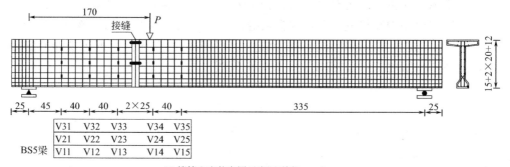

(a) 箍筋应变片布置示意图(单位：cm)

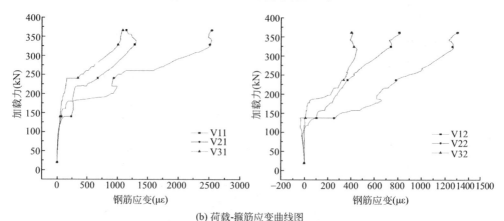

(b) 荷载-箍筋应变曲线图

图4.25 箍筋应力（一）

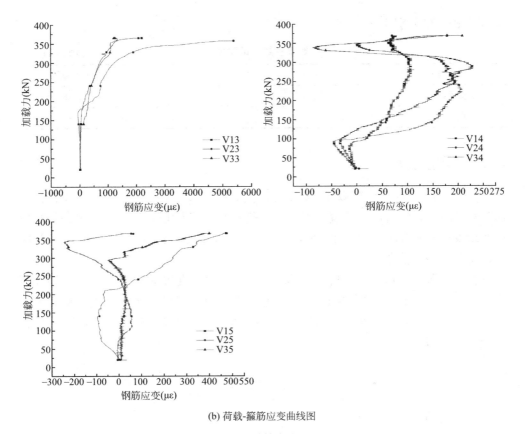

(b) 荷载-箍筋应变曲线图

图 4.25 箍筋应力（二）

倒 V 形破坏面位置存在压区混凝土，各截面剪力仍能继续传递，但各截面箍筋应变相对 BS1 梁发展缓慢。主要是因为裂缝宽度主要集中在接缝位置的主裂缝发展。加载结束后，试验梁剪跨内各截面箍筋均未达到屈服应变，仅有 V21 和 V23 位置处箍筋测点接近屈服应变。

4.3 试验结果比较

4.3.1 受剪承载力

各试验梁受剪承载力对比如表 4.11 所示，BS4 梁和 BS5 梁在接缝位置形成主裂缝后，试验梁裂缝宽度发展主要集中于接缝位置。随着主裂缝 V 形开口的逐渐增大，裂缝沿接缝面快速向上延伸，致使 BS4、BS5 梁中性轴上升早于 BS1 梁，受压区混凝土面积减小的速率大于 BS1 梁，导致节段梁 BS4、BS5 梁受剪承载力较 BS1 梁分别小 24.49%、18.48%。

受剪承载力试验值　　　　　　　表 4.11

试验梁	BS1	BS4	BS5
受剪承载力(kN)	449	339	366
对比 BS1(%)	1	−24.49	−18.48

4.3.2 刚度分析

BS1、BS4、BS5 梁荷载-位移曲线对比如图 4.26 所示。在整个加载过程中 BS1 梁经历了弹性阶段、裂缝发展阶段、持荷至破坏阶段。BS4、BS5 梁荷载-位移曲线发展趋势基本一致，经历了弹性阶段、裂缝发展阶段、接缝持续张开阶段、持荷至破坏阶段。

在弹性阶段，BS1、BS4、BS5 梁荷载-位移曲线发展非常接近；但试件开裂后，BS4、BS5 梁在接缝位置逐渐形成主裂缝。随着接缝的张开，试件刚度出现明显降低趋势，且刚度小于 BS1 梁。在整个加载过程中，BS4、BS5 梁荷载-位移曲线发展相似。

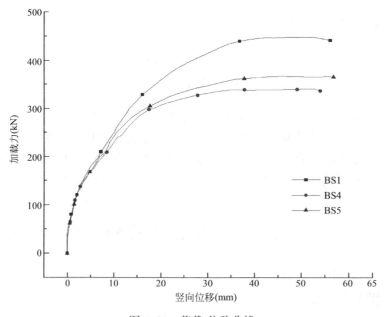

图 4.26　荷载-位移曲线

4.3.3 梁体变形

图 4.27（a）～（c）为 BS1、BS4、BS5 试验梁在不同荷载工况条件下竖向

挠度沿试件长度的分布，曲线包括了初始裂缝、初期裂缝、裂缝发展中期、1/2 极限荷载、裂缝发育完全、极限荷载等 6 个荷载工况下试件各测点的竖向位移。加载初期试件刚度大，未出现开裂，BS1、BS4、BS5 试验梁均发生整体变形。随着竖向加载力的增大，各试件均发生不同程度的开裂，试件刚度逐渐降低。随后加载点位置测点竖向挠度发展较为突出，各试验梁挠度曲线在该位置逐渐出现拐点，且各试验梁破坏时最大挠度点均位于该位置。

  BS4、BS5 试验梁主裂缝形成后，主裂缝便沿接缝位置逐渐张开，形成倒 V 形开口。随着倒 V 形开口的逐渐增大，主梁挠度曲率及接缝间的剪切位移致使接缝两侧节段梁出现挠度差。试验梁破坏时，该挠度差发展到最大，以至 BS4、BS5 梁挠度曲线在接缝位置产生较为突然的转角，如图 4.27（b）、(c) 所示。而

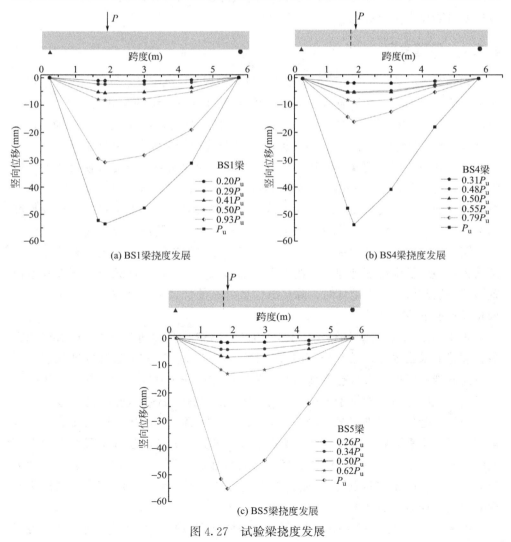

图 4.27　试验梁挠度发展

BS1 梁裂缝在整个剪跨内腹板均匀发展，挠度曲线在接缝位置则较为平缓地过渡，如图 4.27（a）所示。

此外，随着加载力的增大，BS1 试件的开裂伴随着试验梁挠度的逐渐发展，即 BS1 梁通过裂缝数量和宽度的发展来适应结构的整体变形；且在加载力为 $0.93P_u$ 时，BS1 梁试件裂缝宽度、数量发育基本完全，BS1 试验梁竖向挠度发展大部分集中在主梁裂缝发展期间。BS4、BS5 梁加载前期发生整体变形，挠度发展趋势与 BS1 梁相似；加载力接近 $0.62P_u \sim 0.8P_u$ 时，BS4、BS5 梁裂缝数量和宽度基本发育完全，随后试验梁主要通过接缝开口的张开度来适应试件的弯折变形；且 BS4、BS5 梁竖向位移量主要发生在裂缝发育完全后，即试验梁接缝形成倒 V 形开口后。可见从裂缝发育完全到试件发生破坏，BS4、BS5 梁所经历的位移增量明显大于 BS1 梁。

4.3.4 裂缝发展

裂缝发展也是研究的一项重要参数。试验过程中详细记录了裂缝发展，重点采集了包括裂缝位置、裂缝宽度、裂缝长度及所对应荷载级的加载力。BS1、BS4、BS5 试验梁在加载过程中主要以主梁底缘竖向弯曲裂缝和腹剪斜裂缝发展为主，试验整理及分析时将前三条竖向弯曲裂缝和前三条腹剪斜裂缝作为初期裂缝对象。

试件开裂初期，裂缝发展基本相似，初始竖向弯曲裂缝开裂荷载及初始腹剪斜裂缝开裂荷载相差 5~20kN。整体梁在整个剪跨范围内试件裂缝发育完全，裂缝逐渐从加载点附近向支点附近区域转移，裂缝大多贯穿了整个腹板，裂缝长度和宽度得到充分发育。而节段梁加载到一定程度后，接缝位置裂缝逐渐发展成为主裂缝，且后续加载过程中，试件裂缝发展主要以该裂缝发展为主，裂缝宽度逐渐增大，裂缝长度逐渐延伸，且在腹板中部形成转角，指向加载点。试件其他位置裂缝发展甚微，试件破坏时，除接缝位置外其他位置裂缝以细小裂缝为主，并未相互贯通形成主裂缝。

表 4.12、表 4.13 分别列出了 BS1、BS4、BS5 试验梁初期竖向弯曲裂缝和腹剪斜裂缝的采集数据，图 4.28 为 BS1、BS4、BS5 试验梁初期裂缝发展状态。通过对比发现：弯剪受力状态下整体梁和节段梁均首先出现竖向弯曲裂缝，BS1 试验梁初始竖向弯曲裂缝位于加载点处主梁底缘，BS4、BS5 试验梁初始竖向弯曲裂缝位于接缝位置主梁底缘。BS4、BS5 试验梁接缝面采用环氧树脂接缝胶，其抗拉强度大于素混凝土抗拉强度，所以节段梁初始竖向弯曲裂缝位置均发生在接缝面结构的砂浆层。各试验梁初始竖向弯曲裂缝长度为 20~30mm，裂缝宽度为 0.050~0.060mm。各试验梁初始裂缝出现时加载力为 80~105kN，且初期竖向弯曲裂缝出现时的加载力为 80~130kN。

由表 4.12、表 4.13、图 4.28 可见，整体梁和节段梁出现腹剪斜裂缝均晚于弯曲裂缝，但加载力相差不大。各试验梁初期腹剪斜裂缝宽度为 0.045～0.179mm，裂缝长度为 50～200mm。相比竖向弯曲裂缝，腹剪斜裂缝一出现，长度和宽度均较大。BS1、BS4、BS5 试验梁初期腹剪斜裂缝分布范围基本相似。各试验梁初始腹剪斜裂缝出现时加载力为 100～130kN，初期腹剪斜裂缝出现时加载力为 100～165kN。

主梁底缘初期裂缝 表 4.12

试验梁	加载力(kN)	裂缝类型	长度(mm)	宽度(mm)	位置
BS1	90	竖向弯曲裂缝	20	0.050	加载点处主梁底缘
	120	竖向弯曲裂缝	60	0.064	距加载点60cm处主梁底缘
	130	竖向弯曲裂缝	40	0.052	距加载点40cm、50cm处主梁底缘
BS4	105	竖向弯曲裂缝	30	0.063	接缝位置主梁底缘
	115	竖向弯曲裂缝	150	0.112	距加载点10cm处主梁底缘
	130	竖向弯曲裂缝	80	0.072	加载点处主梁底缘
BS5	80	竖向弯曲裂缝	20	0.055	接缝位置主梁底缘
	100	竖向弯曲裂缝	80	0.063	加载点处主梁底缘
	125	竖向弯曲裂缝	120	0.087	距加载点70cm处主梁底缘

主梁腹板初期裂缝 表 4.13

试验梁	加载力(kN)	裂缝类型	长度(mm)	宽度(mm)	位置
BS1	120	腹剪斜裂缝	200	0.072	距加载点50cm处腹板
	125	腹剪斜裂缝	50	0.065	距加载点60cm处腹板
	130	腹剪斜裂缝	80	0.069	距加载点85cm处腹板
BS4	145	腹剪斜裂缝	60	0.078	距加载点65cm处腹板
	155	腹剪斜裂缝	50	0.045	距加载点55cm处腹板
	165	腹剪斜裂缝	65	0.090	距加载点50cm处腹板
BS5	100	腹剪斜裂缝	50～80	0.059	距加载点35cm、55cm处腹板
	110	腹剪斜裂缝	80	0.079	距加载点35cm处腹板
	120	腹剪斜裂缝	150	0.081	距加载点65cm处腹板

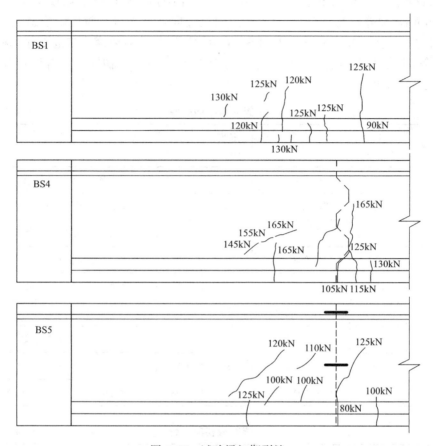

图 4.28 试验梁初期裂缝

从上述试验结果可以得出，BS1、BS4、BS5 试验梁初期裂缝出现时的加载力、裂缝位置、裂缝长度、裂缝宽度非常相似，可以认为节段梁与整体梁在裂缝出现的初期阶段两者力学性能基本是一致的。

图 4.29 为 BS1、BS4、BS5 试验梁裂缝发育完全后的裂缝状态。

BS1 梁加载前期裂缝主要集中分布在加载点附近，随着加载力的增大，裂缝发展区域逐渐向支点附近区域转移，在该过程中裂缝发展角度逐渐减小，剪跨段范围内裂缝逐渐发育完全，且在加载点与支点间逐渐形成一条主裂缝。

BS4 试验梁加载前期，裂缝发展主要集中在距加载点 1 倍梁高范围内，随着加载力的增大，剪跨内出现少量连接主梁底缘和顶缘的剪切斜裂缝。同时，接缝位置裂缝宽度逐渐增大，逐渐发展成主裂缝。由于接缝面砂浆层抗拉强度低于环氧胶和主梁结构，凹凸形的齿键为主裂缝的发展起了引导作用。主裂缝顺沿齿键轮毂逐渐向顶板发展，最终指向加载点。

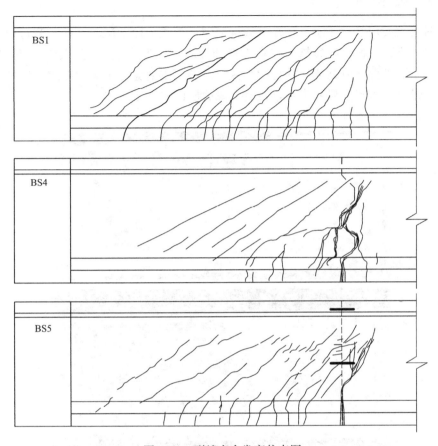

图 4.29　裂缝完全发育状态图

BS5 试验梁裂缝总体发展与 BS4 试验梁相似。BS5 试验梁加载前期，裂缝主要集中在距加载点 1 倍梁高范围内。随着加载力的增大，支点附近出现多条细小腹剪斜裂缝，但裂缝间并未相互贯通。反观接缝位置裂缝宽度发展速率增大，发展长度逐渐向顶板延伸，且在腹板中部形成转角，逐渐形成一条指向加载点的主裂缝。

从前述试验结果整理可以得出：裂缝发展初期阶段，节段梁与整体梁力学性能基本是一致的。裂缝发展中后期至试件破坏阶段，BS1 梁剪跨内腹板斜裂缝发育充分，并分布于整个剪跨内腹板；而 BS4、BS5 梁从接缝位置出现主裂缝到试验梁破坏的整个过程中，主裂缝发展位置集中，破坏时裂缝宽度大，在接缝位置形成倒 V 形开口，通过接缝张开口可以清楚地看见试验梁底缘的预应力钢筋。在整个弯、剪耦合受力过程中，钢榫键接缝节段梁与混凝土齿键接缝节段梁裂缝发展基本相似。

4.3.5 破坏模式

图 4.30 为 BS1、BS4、BS5 试验梁的破坏模式。BS1 试验梁在加载过程中出现典型的薄腹板腹剪斜裂缝，并在支点和加载点间形成主裂缝。BS4、BS5 试验梁的破坏模式为弯剪破坏，其特征为接缝面形成主裂缝，主裂缝在腹板中部转向指向加载点，随着接缝的张开，接缝上缘剪压区混凝土压溃。

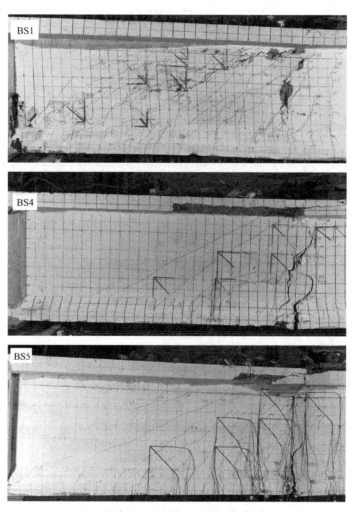

图 4.30 试验梁破坏模式

BS4 试验梁在加载过程中，逐渐形成以齿键轮廓为走向的主裂缝。主裂缝逐渐向顶板发展，发展至腹板中部形成转角，随后指向加载点。同时，在该过程中延伸出第二条主裂缝，该裂缝将节段梁下部凸键切离主梁，形成一条明显的由接缝底缘指向加载点的斜裂缝。随着加载力逐渐增大，主梁下部受拉区混凝土逐步退出工作，截面中性轴上移，受压区混凝土面积逐渐减小，截面逐渐发生应力重分布。同时，随着加载点附近主梁顶缘受压区混凝土的压溃，接缝位置形成倒 V 形破坏面，主梁产生过大的下挠变形。由于试验梁采用体内有黏结预应力体系，接缝位置预应力钢筋局部应力增量增大，预应力钢筋在接缝马蹄位置产生局部滑移，使马蹄位置处混凝土产生较大径向力，并在该位置出现纵向水平裂缝，如图 4.31 所示。梁体发生破坏前有较明显的征兆，接缝两侧梁体绕接缝上部顶板塑性转动。

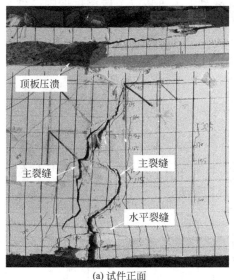
(a) 试件正面

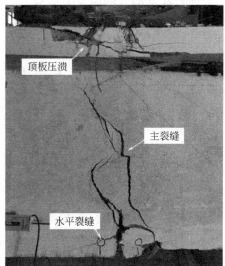
(b) 试件反面

图 4.31 BS4 梁局部破坏模式

BS5 试验梁破坏过程及破坏模式与 BS4 试验梁基本相似。随着加载力的逐渐增大，BS5 试验梁裂缝发展主要集中在接缝面，其他位置裂缝长度、宽度发展甚微。随着接缝面裂缝宽度的逐渐增大，节段梁在接缝面逐渐形成主裂缝。主裂缝沿着接缝面逐渐往顶板方向延伸，试件中性轴高度同步上升，受压区混凝土面积逐渐减小。同时，由于主梁变形过大，接缝位置预应力钢筋应力增大，使该位置处混凝土产生较大径向力，主梁接缝位置马蹄出现纵向水平裂缝，如图 4.32 所示。梁体发生破坏前有较明显的征兆，接缝两侧梁体绕接缝上部顶板塑性转动。

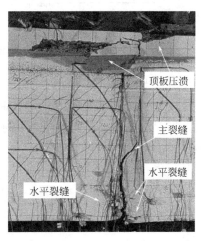

图 4.32 BS5 梁局部破坏模式

4.4 钢榫键接缝节段梁抗剪强度计算方法

在整个弯、剪耦合受力过程中,钢榫键接缝节段梁和传统混凝土齿键接缝节段梁的裂缝发展、破坏模式、梁体变形、开裂荷载、承载能力等力学行为基本一致,且位于接缝位置的主裂缝张开是影响节段梁受力特性和破坏模式的重要因素。因此,在该部分的研究中将基于传统混凝土齿键接缝节段梁抗剪强度计算方法,结合钢榫键在接缝位置的销栓作用,建立适用于钢榫键接缝节段梁的承载能力计算公式。

4.4.1 简化计算方法

1. 剪压区为矩形(图4.33)的节段梁接缝截面受剪弯承载力计算应符合下列规定:

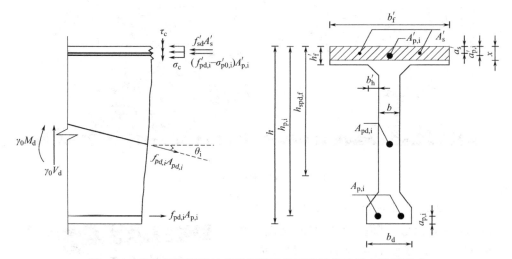

图4.33 剪压区为矩形的节段梁接缝截面受剪弯承载力计算图式

(1) 当剪跨比较小时,节段梁与整体梁破坏模式相似,出现剪压破坏;当剪跨比较大时,试件破坏由抗弯控制。因此,对最大剪力和最大弯矩关系进行控制,当剪弯比符合下列条件之一时,可不进行受剪弯承载力计算:

$$\frac{V_\mathrm{d}}{M_\mathrm{d}} \leqslant \frac{V_\mathrm{pd}}{\phi_\mathrm{f} N_\mathrm{spd,f}\left(h_\mathrm{spd,f} - \dfrac{x_\mathrm{min}}{2}\right)} \quad (4.1)$$

$$\frac{V_\mathrm{d}}{M_\mathrm{d}} \geqslant \frac{0.17\phi_\mathrm{j} f_\mathrm{cd} b'_\mathrm{f,s} h_\mathrm{e} + V_\mathrm{pd}}{\phi_\mathrm{f} N_\mathrm{spd,f}\left(h_\mathrm{spd,f} - \dfrac{h_\mathrm{e}}{2}\right)} \quad (4.2)$$

(2) 当剪弯比同时不符合公式（4.1）和公式（4.2）的条件时，受剪弯承载力应满足下列公式要求：

$$\gamma_0 V_d \leqslant \phi_j (\tau_c b'_{f,s} x + V_{pd} + V_{sd}) \tag{4.3}$$

$$\gamma_0 M_d \leqslant \phi_f \left[\sigma_c b'_f x \left(h_{p,i} - \frac{x}{2} \right) - N_{spd,f} (h_{p,i} - h_{spd,f}) \right] \tag{4.4}$$

其中 τ_c、σ_c、x 应按式（4.5）~式（4.7）计算：

$$N_{spd,f} = \sigma_c b'_f x \tag{4.5}$$

$$\frac{\tau_c}{f_{cd}} = \phi_j \sqrt{0.009 + 0.095 \frac{\sigma_c}{f_{cd}} - 0.104 \left(\frac{\sigma_c}{f_{cd}} \right)^2} \tag{4.6}$$

$$\frac{V_d}{M_d} = \frac{\phi_j (\tau_c b'_{f,s} x + V_{pd} + V_{sd})}{\phi_f \left[\sigma_c b'_f x \left(h_{p,i} - \frac{x}{2} \right) - N_{spd,f} (h_{p,i} - h_{spd,f}) \right]} \tag{4.7}$$

$$V_{pd} = 0.8 f_{pd,i} A_{pb,i} \sin\theta_i \tag{4.8}$$

$$N_{spd,f} = f_{pd,i} A_{p,i} + 0.8 f_{pd,i} A_{pb,i} \cos\theta_i - f'_{sd} A'_s - (f'_{pd,i} - \sigma'_{p0,i}) A'_{p,i} \tag{4.9}$$

$$x_{min} = \frac{N_{spd,f}}{f_{cd} b'_f} \tag{4.10}$$

$$b'_{f,s} = b + 2 b'_h \tag{4.11}$$

$$\sigma'_{p0,i} = \sigma'_{pe,i} + \alpha_{EP} \sigma'_{pc} \tag{4.12}$$

式中　M_d——与 V_d 工况对应的弯矩设计值（N·mm）；

　　　V_{pd}——弯起预应力钢筋拉力设计值在接缝截面切向的分力（N）；

　　　V_{sd}——钢榫键剪切抗力贡献，取公式（3.21）~公式（3.25）中的小值，可以认为是钢榫键提供的销栓力（N）；

　　　$N_{spd,f}$——受弯构件纵向连续预应力钢筋的合力设计值在接缝截面法向的分力（N）；

　　　$h_{spd,f}$——$N_{spd,f}$ 的作用点至截面受压边缘的距离（mm）；

　　　x_{min}——矩形截面剪压区的最小高度（mm）；

　　　ϕ_j——接缝对混凝土抗剪强度的折减系数，当为设剪力键的环氧胶接缝时取 0.9；

　　　ϕ_f——环氧胶接缝对受弯承载力的折减系数，取 0.95；

　　　$b'_{f,s}$——带翼板截面受压翼板的抗剪有效宽度（mm）；

　　　τ_c——剪压区混凝土的剪应力设计值（MPa）；

　　　x——受弯构件接缝截面剪压区的高度（mm），当 $x > h_e$ 时取 h_e；

　　　σ_c——剪压区混凝土的压应力设计值（MPa）；

　　　b'_f——带翼板截面受压翼板的有效宽度（mm）；

　　　$h_{p,i}$——体内预应力钢筋的合力点至受压边缘的距离（mm）；

　　　θ_i——体内弯起预应力钢筋的合力与接缝截面法向的夹角（rad）；

f'_{sd} ——普通钢筋的抗压强度设计值（MPa）；

A'_s ——截面受压区纵向连续普通钢筋的截面面积（mm^2）；

$f'_{pd,i}$ ——体内预应力筋的抗拉强度极限值（MPa）；

$\sigma'_{p0,i}$ ——截面受压区体内预应力钢筋合力点处混凝土正应力等于零时体内预应力钢筋的应力（MPa）；

$A'_{p,i}$ ——截面受压区体内预应力钢筋的截面面积（mm^2）；

b'_h ——受压翼板承托或加腋的宽度（mm）；当该宽度小于翼板根部厚度2倍时，或当受压翼板不设承托或加腋时，取翼板根部厚度的2倍；

$\sigma'_{pe,i}$ ——截面受压区体内预应力钢筋的永存应力（MPa），可按现行规范《公路钢筋混凝土及预应力混凝土桥涵设计规范》JTG 3362—2018[117] 公式（6.1.6-6）计算；

α_{EP} ——体内预应力钢筋弹性模量与混凝土弹性模量之比；

σ'_{pc} ——全部预应力钢筋在截面受压区体内预应力钢筋合力点产生的预压应力（MPa），可按现行规范《公路钢筋混凝土及预应力混凝土桥涵设计规范》JTG 3362—2018[117] 公式（6.1.6-4）计算；

h_e ——减去受拉侧纵向普通钢筋保护层厚度的截面抗剪有效高度（mm）。

2. 剪压区为T形（图4.34）的节段梁接缝截面受剪弯承载力计算应符合下列规定：

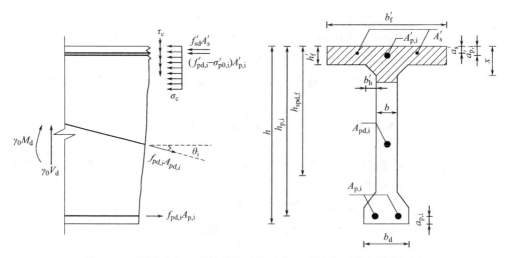

图4.34 剪压区为T形的节段梁接缝截面受剪弯承载力计算图式

（1）当剪弯比符合下列条件之一时，可不进行受剪弯承载力计算：

$$\frac{V_d}{M_d} \leqslant \frac{V_{pd}}{\phi_f N_{spd,f}(h_{spd,f} - a_{min})} \qquad (4.13)$$

$$\frac{V_\mathrm{d}}{M_\mathrm{d}} \frac{0.17\phi_\mathrm{j} f_\mathrm{cd}[bh_\mathrm{e}+(b'_\mathrm{f,s}-b)h'_\mathrm{f}]+V_\mathrm{pd}}{\phi_\mathrm{f} N_\mathrm{spd,f}\left(h_\mathrm{spd,f}-\dfrac{h_\mathrm{e}}{2}\right)} \qquad (4.14)$$

（2）当剪弯比同时不符合式（4.13）和式（4.14）的条件时，受剪弯承载力应满足下列公式要求：

$$\gamma_0 V_\mathrm{d} \leqslant 0.95\{\tau_\mathrm{c}[bx+(b'_\mathrm{f,s}-b)h'_\mathrm{f}]+V_\mathrm{pd}+V_\mathrm{sd}\} \qquad (4.15)$$

$$\gamma_0 M_\mathrm{d} \leqslant \phi_\mathrm{f}\left\{\sigma_\mathrm{c}\left[bx\left(h_\mathrm{p,i}-\frac{x}{2}\right)+(b'_\mathrm{f}-b)h'_\mathrm{f}\left(h_\mathrm{p,i}-\frac{h'_\mathrm{f}}{2}\right)\right]-N_\mathrm{spd,f}(h_\mathrm{p,i}-h_\mathrm{spd,f})\right\}$$
$$(4.16)$$

其中 τ_c、σ_c、x 应按式（4.17）～式（4.19）计算：

$$N_\mathrm{spd,f} = \sigma_\mathrm{c}[bx+(b'_\mathrm{f}-b)h'_\mathrm{f}] \qquad (4.17)$$

$$\frac{V_\mathrm{d}}{M_\mathrm{d}} = \frac{0.95\{\tau_\mathrm{c}[bx+(b'_\mathrm{f,s}-b)h'_\mathrm{f}]+V_\mathrm{pd}+V_\mathrm{sd}\}}{\phi_\mathrm{f}\left\{\sigma_\mathrm{c}\left[bx\left(h_\mathrm{p,i}-\dfrac{x}{2}\right)+(b'_\mathrm{f}-b)h'_\mathrm{f}\left(h_\mathrm{p,i}-\dfrac{h'_\mathrm{f}}{2}\right)\right]-N_\mathrm{spd,f}(h_\mathrm{p,i}-h_\mathrm{spd,f})\right\}}$$
$$(4.18)$$

$$a_\mathrm{min} = \frac{N_\mathrm{spd,f}}{2bf_\mathrm{cd}} + h'_\mathrm{f}\frac{b'_\mathrm{f}-b}{b}\left(\frac{b'_\mathrm{f} h'_\mathrm{f} f_\mathrm{cd}}{2N_\mathrm{spd,f}}-1\right) \qquad (4.19)$$

式中 a_min——T 形截面剪压区高度最小时压力合力作用点至截面受压边缘的距离（mm）。

4.4.2 理论计算与试验值对比

美国 AASHTO 规范《节段式混凝土桥梁设计和施工规范》根据不同接缝类型受力特点，针对预制节段混凝土桥梁承载力提出了不同接缝类型的受剪承载力计算方法，并考虑预应力类型、接缝类型以及混凝土类型对预制节段混凝土梁承载力的不同影响程度，对预制节段混凝土梁的承载力进行折减[26]。而 AASHTO 规范胶接缝截面受剪承载能力由混凝土受剪承载力 V_c 与钢筋受剪承载力 V_s 组成[26]，其破坏模式与本章试验梁破坏形式相符度较低，对比时未选择 AASHTO 规范进行对比。

4.3.5 节中试件的破坏现象表明：节段梁在弯、剪耦合作用下，由于接缝位置处纵向普通钢筋的不连续及接缝界面的缺陷，节段梁在接缝消压后将会最先开裂，主裂缝在接缝处集中发展，并沿接缝面向上延伸，当接缝开展到一定高度后，腹板不再出现破坏斜裂缝，这也与李国平[38,39]及国内外大量试验结果一致。因此，节段梁构件可能以接缝开展的形式发生剪切（剪弯）破坏，在这种情况下剪弯区的混凝土将在剪压应力作用下达到其极限强度，传统设计方法已无法对该破坏形态下的截面承载力进行计算。根据试验结果，采用图 4.33 和图 4.34 计算图式，并计入钢榫键销栓力贡献，从而构建适用于钢榫键接缝节段梁承载能力的计算式（4.3）、式（4.4）和式（4.13）、式（4.14）。在理论计算过程中参数 ϕ_j、ϕ_f 取 1，计算结果如表 4.14 所示，计算结果与试验值较好吻合，且偏安全。

试验值与理论计算值对比　　　　　　　　　　　表 4.14

试件编号	试验值 V_u（kN）	计算值 V_{un}（kN）	V_{un}/V_u
BS4	234	188	0.80
BS5	252	213	0.84

4.5　本章小结

（1）试件开裂前，节段梁与整体梁刚度相近，试验梁呈整体变形。试件开裂后，整体梁斜裂缝在整个剪跨内充分发展，且通过剪跨内的裂缝发展来适应梁体的下挠变形，腹板内钢筋应变满足平截面假定。而节段梁裂缝发展主要集中在接缝位置及其附近，节段梁通过接缝的张开来适应梁体的挠度变形，节段内钢筋应变均出现不规律的变化，结构不再满足平截面假定。

（2）节段梁接缝位置出现裂缝后，沿接缝面快速发展，逐渐形成主裂缝，且破坏时在接缝面发展成倒 V 形破坏面，接缝上缘剪压区混凝土压溃，接缝顶缘形成塑性铰，节段梁弯剪承载力小于整体梁。

（3）钢榫键接缝节段梁与传统混凝土齿键接缝节段梁裂缝发展相似。随着加载力的增加，接缝位置逐渐形成主裂缝，且在腹板中部转向指向加载点。主裂缝出现后，与之相交的箍筋（少量）、预应力筋及剪压区混凝土组成的机构承担外荷载。

（4）接缝张开的过程中，节段梁腹板和马蹄内水平钢筋应力得到进一步释放，测点应变数据出现降低的趋势，荷载-应变曲线相对前期呈反方向发展，节段内仅少量的箍筋和腹板水平筋达到屈服，且均发生在接缝位置两侧主裂缝及次生裂缝穿过的位置。由此可见，接缝附近的箍筋并不能提高节段梁的受剪承载能力，而造成这种现象的主要原因为接缝处的纵向钢筋断开后混凝土开裂过大，导致剪应力仅能从顶缘的混凝土和预应力筋传递。

（5）在整个弯、剪耦合受力过程中，钢榫键接缝节段梁和混凝土齿键接缝节段梁的裂缝发展、破坏模式、梁体变形、开裂荷载、承载能力等力学行为基本相似，且位于接缝位置的主裂缝张开是影响节段梁受力特性和破坏模式的重要因素。

(6) 结合全体内束节段梁破坏模式，本章构建了适用于全体内束节段梁接缝截面受剪弯承载力计算图式，该图式能较好地反映节段梁接缝面的抗剪机理。基于该图式，计入钢榫键销栓力贡献，本章构建了适用于钢榫键接缝节段梁的受剪承载力计算公式。通过对比，该公式理论计算结果与试验值能较好地吻合。

第5章 结论与展望

（1）钢榫键接缝具有较高的承载能力和较好的延性。钢榫键接缝在侧限力的作用下依靠榫键和混凝土的接触受压来传递接缝间的剪力。钢榫键接缝出现裂缝后，试件快速实现内力重分布，达到新的力学平衡，荷载-位移曲线出现水平段，试件仍能继续承载。相比传统混凝土齿键接缝，钢榫键接缝承载力和延性均有较大提高。

（2）试件开裂后钢榫键接缝结构体系稳定。相对于传统混凝土齿键接缝，钢榫键接缝开裂瞬间水平压应力幅明显偏小，预应力体系受力相对更加稳定。且试件开裂后，在预压力作用下，凹凸键仍处于咬合状态，接缝剪切抗力仍可以由钢榫键提供，开裂瞬间钢榫键接缝剪切错动位移明显小于传统混凝土齿键接缝。

（3）钢榫键胶接缝的刚度和承载能力较干接缝均有较大提高。胶、干接缝试件均属于脆性破坏，开裂荷载即为极限承载力，胶接缝试件开裂后，试件的受荷状态类似于干接缝。钢榫键数量对干接缝的刚度和承载能力呈正影响，但对胶接缝的刚度和承载能力影响较小。

（4）钢榫键胶接缝一旦出现开裂，则表现为沿接缝面的直剪裂缝，裂缝长度、宽度较大，结构的强度、刚度、承载能力下降明显。环氧胶受施工质量和耐久性的影响较大，建议钢榫键接缝设计时采用胶接缝，但不计入抗力，接缝抗力按干接缝设计。

（5）结合钢榫键接缝的传力机制及试验结果，本书构建了钢榫键接缝的力学模型，并对接缝的抗剪机理和破坏模式进行了理论分析，得到钢榫键接缝的破坏模式包括：端部混凝土胀裂、端面混凝土压碎、混凝土劈裂破坏、混凝土撕裂破坏及钢榫键直接剪切破坏。

（6）本书提出钢榫键接缝应采用榫键剪切破坏进行抗力设计，但需对榫键周围混凝土进行强度验算。钢榫键接缝抗力可按剪切实用公式计算，钢榫键材料和跨缝齿直径均是影响钢榫键接缝承载力的关键因素。

（7）钢榫键接缝具备工厂标准化生产。基于传统预制节段梁短线法、长线法的施工方法，结合钢榫键自身构造简单、安装方便的特征，本书设计了适用于钢榫键接缝施工的短线法、长线法和模块化法，并针对短线法和长线法开展了工法试验，试验验证了钢榫键接缝适用于工业化生产。

（8）基于试验研究、理论分析及数值模拟，并结合依托工程的设计和应用，本书建立了钢榫键接缝完整的设计理论，包括榫键的力学参数、接缝设计方法、相关构造布置、施工工艺、施工控制方法等一整套实用并与现行规范协调的设计方法和施工流程。

（9）相比传统混凝土齿键接缝，钢榫键接缝直剪力学性能显著提高。但节段梁结构在弯、剪耦合受力过程中，钢榫键接缝节段梁和混凝土齿键接缝节段梁的裂缝发展、破坏模式、梁体变形、开裂荷载、承载能力等力学行为基本相似，且位于接缝位置的主裂缝张开是影响节段梁受力特性和破坏模式的重要因素。

（10）计入钢榫键销栓力贡献，并基于节段梁接缝截面受剪弯承载力计算图式，本书构建了适用于钢榫键接缝节段梁受剪承载力计算公式。通过对比，该公式计算结果与试验值能较好吻合。

（11）钢榫键接缝力学性能可靠，且符合工业化标准生产。在预制节段梁、桥墩、盖梁、管廊等预制节段混凝土结构领域具有较为广泛的应用价值。

（12）虽然本书对钢榫键接缝构建了一整套设计理论，但是仅仅基于静力工况的研究，并未涉及动力研究。因此，接缝在反复荷载作用下的疲劳响应，便成为进一步完善钢榫键接缝力学性能的研究对象。

参考文献

[1] Lin T Y. Prestressed concrete [J]. Sci Am, 1958, 199 (1): 25-31.

[2] 范立础. 桥梁工程 [M]. 北京: 人民交通出版社, 2001.

[3] 小沃尔特波多尔尼, 米勒 J M. 预应力混凝土桥梁分段施工和设计 [M]. 北京: 人民交通出版社, 1986.

[4] Muller J, Podolny W J. Construction and Design of Prestressed Concrete Segmental Bridges [M]. New York: Wiley, 1982.

[5] Matt P. Status of segmental bridge construction in Europe [J]. PCI Journal, 1983, 28 (3): 104-125.

[6] Podolny W J. An overview of precast prestressed segmental bridges [J]. PCI Journal, 1979, 24 (1): 56-87.

[7] Muller J. Ten years of experience in precast segmental construction [J]. PCI Journal, 1975, 20 (1): 28-61.

[8] Muller J. Some recent international projects with external prestressing [Z]. External prestressing in structures, Association Francaise Pour la Construction, Proceedings of the workshop on behavior of external prestressing in structures, Saint-Remy-les-Chevreuse, France. 1993: 71-83.

[9] Merrill B D, WISS J. Condition evaluation of the JFK causeway post-tensioned segmental bridge [Z]. Austin, ASPIRE. 2021.

[10] Muller J. Construction of the long key bridge [J]. Journal of the Prestressed Concrete Institute, 1980, 25 (6): 97-111.

[11] Brockmann C, ING D, Rogenhofer H. Bang Na Expressway, Bangkok, Thailand-world's longest bridge and largest precasting operation [J]. PCI Journal, 2000, 45 (1): 26-39.

[12] 徐栋. 预制构件装配式桥梁理论完善和未来发展 [M]. 桥梁, 2019.

[13] 徐栋. 节段施工体外预应力桥梁的极限强度分析 [D]. 上海: 同济大学, 1998.

[14] 林增官. 预应力混凝土新结构在福州洪塘大桥上的应用 [Z]. 全国桥梁结构学术大会论文集 (上册). 1992: 560-568.

[15] 李坚, 陆元春. 预制节段混凝土桥梁的设计与工程实践 [J]. 城市道桥与防洪, 2003, 20 (6): 35-38.

[16] 陆元春, 李坚. 预制节段混凝土桥梁的设计与工程实践——上海新浏河大桥工程 [J]. 预应力技术, 2005, 9 (6): 30-38.

[17] 余为. 预制节段逐跨拼装施工技术在上海市沪闵高架道路工程中的应用 [J]. 城市道桥与防洪, 2008, 25 (6): 65-69.

[18] 金卫兵, 吴国民, 张喜刚. 等. 苏通大桥引桥设计 [Z]. 中国公路学会桥梁和结构工程分会 2004 年全国桥梁学术会议论文集. 2004.

[19] 傅琼阁. 苏通大桥体外预应力箱梁施工技术 [J]. 公路, 2007, 52 (4): 77-82.

[20] Sørensen J H, Hoang L C, Poulsen P N. Keyed shear connections with looped U-bars subjected to normal and shear forces Part II—rigid-plastic modeling of the ultimate capacity [J]. Structural Concrete, 2021, 22 (4): 2407-2417.

[21] Herfelt M A, Poulsen P N, Hoang L C, et al. Numerical limit analysis of keyed shear joints in concrete structures [J]. Structural Concrete, 2016, 17 (3): 481-490.

[22] 严国敏. PC 预制节段拼装桥梁的现况与其研究动向 [J]. 世界桥梁, 1998, 26 (1): 50-53.

[23] Saibabu S, Srinivas V, Sasmal S, et al. Performance evaluation of dry and epoxy jointed segmental prestressed box girders under monotonic and cyclic loading [J]. Construction Building Materials, 2013, 38: 931-940.

[24] Hindi A, Macgregor R, Kreger M E, et al. Enhancing strength and ductility of post-tensioned segmental box girder bridges [J]. ACI Structural Journal, 1995, 92 (1): 33-44.

[25] 朱征平. 预应力混凝土连续刚构的预制拼接法施工 [J]. 华东公路, 2002, 45 (2): 22-24.

[26] AASHTO. Guide Specifications for Design and Construction of Segmental Concrete Bridges [S]. 2nd Edition. Washington, DC: AASHTO, 1999.

[27] 成仲鹏. 高速铁路大跨度节段拼装梁桥施工过程中的力学行为分析 [D]. 兰州: 兰州交通大学, 2015.

[28] 赵旭. 先简支后连续桥梁湿接缝的施工方法 [J]. 交通科技, 2003, 29 (4): 32-33.

[29] 周家勇. 装配式桥梁预制混凝土桥面板安装施工工艺 [J]. 工程与建设, 2016, 30 (3): 403-406.

[30] 张天保. 多键齿不均匀正应力节段预制胶拼构件接缝直剪试验研究 [D]. 北京: 北京交通大学, 2019.

[31] Base G. Shear Tests on Very Thin Epoxy Resin Joints Between Precast Concrete Units [M]. London: Cement and Concrete Association, 1962.

[32] Dovzhenko O, Pohribnyi V, Karabash L. Experimental study on the multikeyed joints of concrete and reinforced concrete elements [J]. International Journal of Engineering Technology and Culture, 2018, 7 (3): 354-359.

[33] 陈礼忠. 上海长江大桥工程采用节段悬臂拼装施工技术 [J]. 上海建设科技, 2007, 28 (3): 15-19.

[34] 陈礼忠, 金仁兴. 预制节段梁拼装中的环氧粘结剂特性分析及施工运用 [J]. 建筑施工, 2008, 30 (7): 582-584.

[35] 王渊. 城市高架轨道交通节段拼装桥梁施工及控制技术研究 [D]. 长沙: 中南大学, 2008.

[36] 危春根. 节段施工体外预应力桥梁接缝构造及力学性能研究 [D]. 广州: 广东工业大学, 2010.

[37] 邹琳斌. 体外预应力节段施工混凝土梁桥干接缝剪切性能研究 [D]. 广州: 广东工业

大学，2012.

[38] 李国平. 干接缝节段式预应力混凝土桥梁的优势与缺陷 [J]. 中国市政工程，2007，32 (S2)：54-55.

[39] 李国平. 体外预应力混凝土桥梁设计计算方法 [D]. 上海：同济大学，2007.

[40] AASHTO. 2003 Interim Revisions to The Guide Specifications for Design and Construction of Segmental Concrete Bridges [S]. 2nd Edition. Washington，DC.：AASHTO，2003.

[41] AASHTO. AASHTO LRFD bridge design specifications，3rd edn：[S]. Washington，DC.：AASHTO，2003.

[42] Biswal A，Prasad A M，Sengupta A K. Study of shear behavior of grouted vertical joints between precast concrete wall panels under direct shear loading [J]. Structural Concrete，2018，20 (2)：564-582.

[43] Buyukozturk O，Bakhoum M M，Michael Beattie S. Shear behavior of joints in precast concrete segmental bridges [J]. Journal of Structural Engineering，1990，116 (12)：3380.

[44] Zhou X，Mickleborough N，Li Z. Shear strength of joints in precast concrete segmental bridges [J]. ACI Structural Journal，2005，102 (1)：3.

[45] Koseki K，Breen J E. Exploratory Study of Shear Strength of Joints for Precast Segmental Bridges [D]. Austin：The University of Texas at Austin，1983.

[46] Hindii A，Macgregor R，Kreger M E，et al. Enhancing strength and ductility of post-tensioned segmental box girder bridges [J]. ACI Structural Journal，1995，92 (1)：73-94.

[47] Kuranishi S，Naganuma F，Nakazawa M，et al. Mechanical behavior of metal contact joint [J]. Journal of Structural Engineering，1994，120 (7)：1977-1990.

[48] Bakhoum M M. Shear behavior and design of joints in precast concrete segmental bridges [D]. Massachusetts：Massachusetts Institute of Technology，1990.

[49] AASHTO. Standard Specifications for Highway Bridges [S]. Washington，DC.：AASHTO，2002.

[50] Roberts C L. Measurement-based Revisions for Segmental Bridge Design and Construction Criteria [D]. Austin：The University of Texas at Austin，1993.

[51] Rombach G. Precast segmental box girder bridges with external prestressing-design and construction [R]. Hambug：Technical University of Hamburg and Harburg，2002.

[52] Rombach G，Specker A，Zhou X，et al. Shear strength of joints in precast concrete segmental bridges [J]. ACI Structural Journal，2005，102 (1)：3-11.

[53] Turmo J，Ramos G，Aparicio A. FEM modelling of unbonded post-tensioned segmental beams with dry joints [J]. Engineering Structures，2006，28 (13)：1852-1863.

[54] Turmo J，Ramos G，Aparicio A. Shear strength of dry joints of concrete panels with and without steel fibres：application to precast segmental bridges [J]. Engineering Structures，2006，28 (1)：23-33.

[55] Zhou X, Mickleborough N, Li Z. Shear strength of joints in precast concrete segmental bridges [J]. ACI Structural Journal, 2005, 102 (1): 3.

[56] Shamass R, Zhou X, Alfano G. Finite-element analysis of shear-off failure of keyed dry joints in precast concrete segmental bridges [J]. Journal of Bridge Engineering, 2015, 20 (6): 04014084.

[57] 汪双炎. 悬臂拼装节段梁剪力键模型试验研究 [J]. 铁道建筑, 1997, 37 (3): 23-28.

[58] 卢文良. 节段预制体外预应力混凝土设计理论研究 [D]. 北京: 北京交通大学, 2004.

[59] 李甲丁. 南京长江四桥节段预制拼装刚构体系与抗剪性能研究 [D]. 南京: 东南大学, 2010.

[60] 王建超. 节段预制拼装混凝土桥梁接缝抗剪性能试验研究 [D]. 南京: 东南大学, 2011.

[61] 袁爱民, 符俊冬, 程磊科, 等. 节段预制桥梁胶接缝配筋剪力键剪切性能试验 [J]. 中国公路学报, 2018, 31: 81-87.

[62] 袁爱民, 何雨, 程磊科, 等. 节段预制桥梁胶接缝剪切性能试验研究 [J]. 重庆交通大学学报: 自然科学版, 2014, 33: 22-26.

[63] 李学斌, 杨心怡, 李东昇, 等. 节段梁环氧树脂胶接缝抗拉强度的试验研究 [J]. 铁道建筑, 2015, 55: 23-26.

[64] 李学斌, 杨心怡, 李东昇, 等. 剪力键和胶接缝抗剪承载力试验研究 [J]. 土木工程学报, 2022, 55: 100-108.

[65] 沈殷, 蔡鹏, 陈立生, 等. 节段预制拼装混凝土桥梁剪力键接缝的抗剪强度 [J]. 同济大学学报: 自然科学版, 2019, 47: 1414-1420.

[66] 卢文良, 马晓蕾, 郑强. 节段预制胶拼构件胶接缝厚度研究 [J]. 铁道建筑, 2019, 59 (8): 39-41.

[67] 闫泽宇. 节段预制拼装 UHPC 胶接缝抗剪性能试验及有限元分析 [J]. 公路工程, 2019, 44 (6): 228-233.

[68] 闫泽宇. 节段预制拼装 UHPC 接缝抗剪性能研究 [D]. 长沙: 湖南大学, 2019.

[69] Rabbat B. Testing of segmental concrete girders with external tendons [J]. PCI Jour/Mar-Apr, 1987: 86-106.

[70] Rabbat B, Sowlat K. Behavior of 1: 5-scale segmental concrete girders with external and internal tendons [J]. Special Publication, 1990, 120: 305-314.

[71] Macgregor R, Kreger M E, Breen J E. Strength and ductility of a three-span externally post-tensioned segmental box girder bridge model [J]. Earth Planetary Science Letters, 1990, 305 (1-2): 83-91.

[72] Ramos G, Aparicio A C. Ultimate analysis of monolithic and segmental externally prestressed concrete bridges [J]. Journal of Bridge Engineering, 1996, 1 (1): 10-17.

[73] Aparicio A C, Ramos G, Casas J R. Testing of externally prestressed concrete beams [J]. Engineering Structures, 2002, 24 (1): 73-84.

[74] Huang Z, Liu X. Modified skew bending model for segmental bridge with unbonded tendons [J]. Journal of Bridge Engineering, 2006, 11 (1): 59-63.

[75] 袁爱民，何雨，戴航，等. 不同加载方式及配束比下节段预制箱梁受力性能试验 [J]. 长安大学学报：自然科学版，2016，36：58-68.

[76] Yuan A, Dai H, Sun D, et al. Behaviors of segmental concrete box beams with internal tendons and external tendons under bending [J]. Engineering Structures，2013，48：623-634.

[77] Jiang H, Cao Q, Liu A, et al. Flexural behavior of precast concrete segmental beams with hybrid tendons and dry joints [J]. Construction and Building Materials，2016，110：1-7.

[78] Jiang H, Li Y, Liu A, et al. Shear behavior of precast concrete segmental beams with external tendons [J]. Journal of Bridge Engineering，2018，23（8）：04018049.

[79] Moustafa S E. Ultimate load test of a segmentally constructed prestressed concrete I-beam [J]. PCI Journal，1974，19（4）：54-75.

[80] Ramirez G, Macgregor R, Kreger M E. Shear strength of segmental structures [Z]. Proceedings of the workshop AFPC external prestressing in structures. Saint-Rémy-lès-Chevreuse. 1993：287-296.

[81] Turmo J, Ramos G, Aparicio A C. FEM study on the structural behaviour of segmental concrete bridges with unbonded prestressing and dry joints: simply supported bridges [J]. Engineering Structures，2005，27（11）：1652-1661.

[82] Turmo J, Ramos G, Aparicio A C. Shear strength of dry joints of concrete panels with and without steel fibres: Application to precast segmental bridges [J]. Engineering Structures，2006，28（1）：23-33.

[83] Turmo J, Ramos G, Aparicio A C. FEM modelling of unbonded post-tensioned segmental beams with dry joints [J]. Engineering Structures，2006，28（13）：1852-1863.

[84] 李阳. 节段式体外预应力混凝土梁抗剪性能试验研究 [D]. 上海：同济大学，2005.

[85] 雷宇. 节段式体外预应力混凝土梁接缝剪切性能试验研究 [D]. 上海：同济大学，2007.

[86] Li G, Yang D, Lei Y. Combined shear and bending behavior of joints in precast concrete segmental beams with external tendons [J]. Journal of Bridge Engineering，2012，18（10）：1042-1052.

[87] 李国平，沈殷. 体外预应力混凝土简支梁抗剪承载力计算方法 [J]. 土木工程学报，2007，40（2）：64-69.

[88] 李国平. 体外预应力混凝土简支梁剪切性能试验研究 [J]. 土木工程学报，2007，40（2）：58-63.

[89] Brenkus N R, Wagner D J, Hamilton H R. Experimental evaluation of shear strength of an innovative splice for prestressed precast concrete girders [J]. Journal of Bridge Engineering. 2016，21（6）.

[90] Takebayashi T, Deeprasertwong K, Leung Y W J S, et al. A full-scale destructive test of a precast segmental box girder bridge with dry joints and external tendons [J]. 2015，104（3）：297-315.

［91］ Hindi A，Macgregor R，Kreger M E，et al. Enhancing strength and ductility of post-tensioned segmental box girder bridges［J］. ACI Structural Journal，1995，92（1）：73-94.

［92］ Sivaleepunth C，Niwa J，Nguyen D H，et al. Shear carrying capacity of segmental prestressed concrete beams［J］. Journal of Japan Society of Civil Engineers Ser E1，2009，65（1）：63-75.

［93］ 成昆铁路技术总结委员会. 成昆铁路 第四册 桥梁［M］. 北京：人民铁道出版社，1980.

［94］ 徐海军. 体外预应力混凝土桥梁弯曲性能分析与面向对象的程序设计［D］. 上海：同济大学，2003.

［95］ 曾永革，李传习. 节段施工体外预应力混凝土梁弯曲性能研究［J］. 工程力学，2011，28（01）：110-115.

［96］ 刘钊，武焕陵，种艾秀，等. 南京长江第四大桥节段预制拼装箱梁足尺模型试验［J］. 桥梁建设，2011：9-12+6.

［97］ Jones L L. Shear test on joints between precast post-tensioned units［J］. Magazine of Concrete Research，1959，11（31）：25-30.

［98］ Issa M A，Abdalla H A. Structural behavior of single key joints in precast concrete segmental bridges［J］. Journal of Bridge Engineering，2007，12（3）：315-324.

［99］ Jiang H，Chen L，Ma Z J，et al. Shear behavior of dry joints with castellated keys in precast concrete segmental bridges［J］. Journal of Bridge Engineering，2015，20（2）：04014062.

［100］ Smittakorn W，Manavithayarak P，Sukmoung P. Improvement of shear capacity for precast segmental box girder dry joints by steel fiber and glass fiber［C］. Proceedings of the MATEC Web of Conferences，2019.

［101］ Jiang H，Ying C，Liu A，et al. Effect of high-strength concrete on shear behavior of dry joints in precast concrete segmental bridges［J］. Steel Composite Structures，2016，22（5）：1019-1038.

［102］ Alcalde M，Cifuentes H，Medina F. Influence of the number of keys on the shear strength of post-tensioned dry joints［J］. Materiales de Construccion，2013，63（310）：297-307.

［103］ Ahmed G H，Aziz O Q. Stresses，deformations and damages of various joints in precast concrete segmental box girder bridges subjected to direct shear loading［J］. Engineering Structures，2020，206：110151.

［104］ Ahmed G H，Aziz O Q. Shear behavior of dry and epoxied joints in precast concrete segmental box girder bridges under direct shear loading［J］. Engineering Structures，2019，182：89-100.

［105］ Moreton A J. Tests of epoxy-glued joints for a segmental precast bridge deck［J］. IJAA，1982，2（2）：97-101.

［106］ Beattie S M. Behavioral improvements in segmental concrete bridge joints through the use

[107] Jiang H, Wei R, John Ma Z, et al. Shear strength of steel fiber-reinforced concrete dry joints in precast segmental bridges [J]. Journal of Bridge Engineering, 2016, 21 (11): 04016085.

[108] 姜海波, 王添龙, 肖杰, 等. 预制节段钢纤维混凝土梁干接缝抗剪性能试验 [J]. 中国公路学报, 2018, 31: 37-49.

[109] Voo Y L, Foster S J, Voo C C. Ultra high-performance concrete segmental bridge technology: toward sustainable bridge construction [J]. Journal of Bridge Engineering, 2015, 20 (8): B5014001.

[110] Kim Y J, Chin W J, Jeon S J. Interface shear strength at joints of ultra-high performance concrete structures [J]. International Journal of Concrete Structures Materials, 2018, 12 (6): 767-780.

[111] 孙雪帅. 预制拼装桥梁节段间接缝抗剪性能试验研究 [D]. 南京: 东南大学, 2015.

[112] Sangkhon A, Pisitpaibool C. Shear strength test of joint with different geometric shapes of shear keys between segments of precast segmental bridge [J]. International Transaction Journal of Engineering Management Applied Sciences Technologies, 2017, 8 (1): 23-37.

[113] Gopal B A, Hejazi F, Hafezolghorani M, et al. Numerical analysis and experimental testing of ultra-high performance fibre reinforced concrete keyed dry and epoxy joints in precast segmental bridge girders [J]. International Journal of Advanced Structural Engineering, 2019, 11 (4): 463-472.

[114] 邹宇, 柳惠芬, 徐栋, 等. 预制节段桥梁钢榫键接缝直剪力学性能试验 [J]. 同济大学学报 (自然科学版), 2022, 50: 212-222.

[115] 中华人民共和国住房和城乡建设部. 混凝土力学性能试验方法标准: GB/T 50081—2019 [S]. 北京: 中国建筑工业出版社, 2019.

[116] 中华人民共和国交通运输部. 公路钢结构桥梁设计规范: JTG D64—2015 [S]. 北京: 人民交通出版社, 2015.

[117] 中华人民共和国交通运输部. 公路钢筋混凝土及预应力混凝土桥涵设计规范: JTG 3362—2018 [S]. 北京: 人民交通出版社, 2018.

[118] 庄茁. ABAQUS/Standard 有限元软件入门指南 [M]. 北京: 清华大学出版社, 1998.

[119] Jiang H, Chen M, Sha Z, et al. Numeric analysis on shear behavior of high-strength concrete single-keyed dry joints with fixing imperfections in precast concrete segmental bridges [J]. Materials, 2020, 13 (13).

[120] Lubliner J, Oliver J, Oller S. A plastic-damage model for concrete [J]. International Journal of Solids & Structures, 1989, 25 (3): 299-326.

[121] Lee J, Fenves G L. Plastic-damage model for cyclic loading of concrete structures [J]. Journal of Engineering Mechanics, 1998, 124 (8): 890-900.

[122] 中华人民共和国住房和城乡建设部. 混凝土结构设计标准: GB/T 50010—2010 (2024年版) [S]. 北京: 中国建筑工业出版社, 2024.

[123] Tassios T P, Vintzēleou E N. Concrete-to-concrete friction [J]. J. Struct. Eng, 1987, 113 (4): 832-849.

[124] 徐栋, 徐方圆, 赵瑜, 等. 箱梁结构完整验算应力和空间网格模型 [J]. 土木工程学报, 2014, 047: 46-55.

[125] Sun Y, Xu D, Chen B, et al. Three-dimensional reinforcement design method and program realization for prestressed concrete box-girder bridges based on a specific spatial lattice grid model [J]. Engineering Structures, 2018, 175: 822-846.

[126] Xu D, Zhang Y, Xu F, et al. Unified flexural design method for deep and shallow beams using non-linear grid model [J]. Structural Engineering International, 2017, 27 (4): 482-491.

[127] Ramos G, Aparicio A C. Ultimate analysis of monolithic and segmental externally prestressed concrete bridges [J]. Journal of Bridge Engineering ASCE, 1996, 1 (1): 10-17.

[128] Turmo J, Ramos G, Aparicio A C. Structural behaviour of segmental concrete continuous bridges with unbonded prestressing and dry joints [J]. Structure Infrastructure Engineering, 2011, 7 (11): 857-868.

[129] Li G, Yang D, Yu L. Combined shear and bending behavior of joints in precast concrete segmental beams with external tendons [J]. Journal of Bridge Engineering, 2013, 18 (10): 1042-1052.

[130] 赵瑜. 混凝土结构抗剪配筋设计研究 [D]. 上海: 同济大学, 2012.

[131] 姜海波, 李宇鸿, 肖杰, 等. 预制节段干接缝体外预应力混凝土简支梁抗剪性能试验 [J]. 中国公路学报, 2018, 31: 118-195.